普华文化
PUHUA BOOKS

我们一起解决问题

企业内部控制与风险管理

规范详解、风险识别与案例分析

李延超　王一冰　安　琪◎主编

人民邮电出版社
北　京

图书在版编目（CIP）数据

企业内部控制与风险管理 ：规范详解、风险识别与案例分析 / 李延超，王一冰，安琪主编. -- 北京 ：人民邮电出版社，2023.5
ISBN 978-7-115-61594-7

Ⅰ. ①企… Ⅱ. ①李… ②王… ③安… Ⅲ. ①企业内部管理②企业管理－风险管理 Ⅳ. ①F272.3

中国国家版本馆CIP数据核字(2023)第062377号

内容提要

企业内部控制是企业各项管理工作的基础，也是企业提高管理水平和防范风险的一种有效机制。本书根据《企业内部控制基本规范》及配套指引编写，对我国内部控制与风险管理制度规范进行了详细解读，从全新的视角向读者诠释了内部控制与风险管理的辩证逻辑关系，并采用理论分析与案例详解相结合的形式，从内部环境、风险评估、控制活动、信息沟通和内部监督等方面进行讲解，为企业提供全方位内部控制解决方案。

本书适合企业财务会计人员、财务主管和中高层管理者使用。

◆主　　编　李延超　王一冰　安　琪
责任编辑　陈斯雯
责任印制　彭志环
◆人民邮电出版社出版发行　　北京市丰台区成寿寺路 11 号
邮编 100164　　电子邮件 315@ptpress.com.cn
网址 https://www.ptpress.com.cn
北京天宇星印刷厂印刷
◆开本：700×1000　1/16
印张：14　　2023 年 5 月第 1 版
字数：150 千字　　2023 年 5 月北京第 1 次印刷

定　价：69.00 元

读者服务热线：（010）81055656　印装质量热线：（010）81055316
反盗版热线：（010）81055315
广告经营许可证：京东市监广登字20170147号

前言

随着全球经济一体化的深入和科学技术的突飞猛进，我国社会经济发展水平已经取得了长足的进步，众多企业实现了可持续发展、创新发展、稳定发展等目标。企业在其生命周期中，要经过初创、成长、成熟、衰退四个阶段，风险并不独属于某个阶段，而是时刻存在于企业生命周期的全过程。如何有效避免和预防这些风险尤为重要，因为它关乎企业的生死存亡，这也是内部控制与风险管理存在的重要价值。是否存在科学合理的风险管理，是否实施周密的内部控制措施，正是“昙花一现”企业和“百年老店”企业的最大区别。

企业内部控制是提高企业运营效率、保障企业依法经营和会计信息真实可靠、促进企业实现战略目标的重要活动，是现代企业制度的根本要求，是企业各项管理工作的基础，也是企业提高管理水平和防范风险的一种有效机制。企业要实现健康可持续发展，就必须不断完善内部控制体系，以制度规避风险，以机制控制风险，以责任降低风险。

我国企业监管当局也充分意识到加强内部控制和企业风险管理建设的重要性，制定和出台了一系列有关企业内部控制的规章制度。《企业内部控制基本规范》《企业内部控制配套指引》《企业内部控制规范体系实施中相关问题解释第 1 号》《企业内部控制规范体系实施中相关问题解释第 2 号》

的陆续发布，标志着我国内部控制规范体系的基本形成，是我国内部控制体系建设的里程碑。建立内部控制与风险管理规范体系，是优化企业治理的客观需要，是企业发展壮大的必经之路，也是企业持续百年的不二选择。

本书从全新的视角向读者诠释了内部控制与风险管理的辩证逻辑关系，采用理论分析与案例详解相结合的形式对内部控制、风险管理、规范指引等重要问题进行阐述，通过典型的案例解读内部控制规范指引的重要作用，最大限度地贴近企业内部控制操作实务。

本书共 7 章，通过介绍内部控制的基本结构、原则、作用和环节等相关的知识和案例，全面梳理了内部控制的“五脏六腑”。编者将内部控制与风险管理比喻为企业健康的“保健医生”，生动形象诠释了内部控制与企业风险管理的存在价值和实践意义。本书理论方面叙述准确、全面，案例分析详尽、丰富，理论与实践相结合，能较好地提高读者理解内部控制规范指引的价值，提高企业管理者重视内部控制和风险管理的动力，促进企业管理者在加强风险管理的同时，更好地运用内部控制。

本书内容翔实，思路新颖，将理论与实践高度结合，能为广大企业管理者在内部控制和风险防控方面提供帮助和借鉴意义。由于内部控制与风险管理的相关理论与实践仍处于不断发展变化之中，加之编者水平有限，书中难免存在疏漏或不妥之处，恳请读者不吝指正。

目 录

第 3 章 内部环境：企业强壮的“骨骼”

第 4 章 风险评估：为企业“量体裁衣”

第 5 章 控制活动：疏通工作的血脉

第 6 章 内部控制的重要条件：信息与沟通

第 7 章
及时“问诊”：内部监督为企业保驾护航

第 1 章

内部控制：企业健康的“保健医生”

导读

“有控则强，失控则弱，无控则乱，不控则败。”翻开一部部企业的盛衰史，感受它们的从无到有、从盛到衰，我们最深的印象是“打江山易，守江山难”。我们从陨落企业的历史中寻觅，发现它们有着相同之处，即存在着内部控制的缺失。良好的内部控制是一个企业能够存续的保障，是企业健康的“保健医生”。近些年，随着改革开放不断深入，我国社会经济发展已经取得了长足的进步，众多企业实现了可持续发展、创新发展、稳定发展等目标。有的企业成为行业的翘楚，技术领先、市场领先、利润领先……然而却由于疏于管理，无视内部控制，最终走向了衰亡。

企业在其经营过程中难免会遇到一些资产风险或运作风险，如何有效避免和预防这些风险尤为重要，因为它关乎企业的生存，这也是内部控制与风险管理存在的重要价值。只有拥有科学合理的风险管理和周密的内部控制措施，企业才能持续发展。

1.1　内部控制与企业风险管理的存在价值

1. 内部控制和风险管理为企业生存保驾护航

健康对人来说很重要。有人进行了形象的比喻：“健康是 1，其他一切都是跟在这个 1 后面的 0。如果没有 1，那么所有的 0 都将失去意义。”这个观点对企业同样适用。企业的“出生”必有所求。企业设立的形式多样，开拓的领域更是五花八门，但是企业有着共同的目标，那就是追求股东的利益最大化、企业的财富最大化。要想达到目标，企业必须“活着”，必须“健康”，因为只有生存才能发展，只有健康才能获利。科学的内部控制制度不仅能够对企业的各职能部门及人员进行合理的分工、协调和考核，促进企业各部门人员职责的履行，让每名员工明确企业目标、部门目标和个人工作目标，而且能够让企业及时发现影响自身健康的各种“隐患”，及时医治各种“病症”，确保企业有序、高效地生产经营。

2. 内部控制和风险管理为企业设定“健康指标”

内部控制的一个重要原则就是明确企业在经济业务处理过程中各职能部门、各工作人员之间相互联系、相互制约的职责分工制度。这项制度对各职能部门在经济业务处理过程中的权力与职责有着严格的规定，其目的是督促各部门各司其职，各员工各负其责。而明确合理的分工，有利于提高工作效率，确保业务处理准确，保证企业财产的安全。内部控制制度这一系列的约束条件，能够让每个人明白什么该做，什么不该做。这些约束条件成了企业的“健康指标”，有了这些客观的指标，企业才能时刻知晓自己的“身体状况”，才能防微杜渐。

3. 内部控制和风险管理是企业获取真实“体检报告”的有效途径

会计信息是企业经营情况、股东受益情况的载体。在市场经济环境中，会计信息的重要性已经日益为人们所认知。会计信息现在已经成为国家宏观经济调控和监督的依据，成为投资者投资决策的依据，成为企业管理者管理决策的依据。可见，会计信息的地基必须坚固、稳定而可靠，会计信息所反映出的内容必须真实、准确。会计信息失真的背后，必然存在着内部控制的失灵。内部控制和风险管理是防范会计信息失真的有效途径，企业要想得到真实的“体检报告”，内部控制和风险管理缺一不可。

1.2 内部控制健全有效，企业才能成为行业翘楚

企业内部控制的基础是专业的管理制度，其目的是防范风险，有效监

管企业财务、人力、资产、工作流程等。企业内部控制通过建立全面的过程控制体系，识别出关键控制点，并以流程的形式直观地表达生产经营过程，形成管理规范。

健全有效的内部控制是解决企业许多潜在问题的有效措施。近年来，随着全球经济一体化的不断发展，日益激烈的市场竞争为现代企业的发展带来了新的机遇与挑战。内部控制直接影响企业在未来激烈的市场竞争中的生存发展情况。因此，制定合理的内部控制制度，规避可预见的风险已成为现代企业日益关心的问题。

1.2.1　案例

沃尔玛百货有限公司（以下简称沃尔玛公司）总部位于美国阿肯色州的本顿维尔，其实际控股人是沃尔顿家族。沃尔玛公司拥有约 8 500 家门店，分布于全球 15 个国家。零售业是它的主打产业。沃尔玛公司为顾客提供全方位的服务，营业额位居世界榜首。它拥有的雇员数量达到了世界之最，在美国《财富》杂志世界 500 强排行榜中连续 9 年居首位。

沃尔玛公司拥有以沃尔玛购物广场、山姆会员商店、沃尔玛商店、沃尔玛社区店为主体的四大业务类型。目前，沃尔玛公司在我国开拓的类型只有三种：沃尔玛购物广场、山姆会员商店和沃尔玛社区店。这三种类型满足了我国顾客的不同需求。第一种类型是沃尔玛购物广场，它以“为顾客节省时间和开支”为理念，以折扣店内传统的非食品商品部门为特色，为上班族提供了一种独特的购物体验。第二种类型是山姆会员商店，它以“会员特惠价格”为特色，以包装大、利润低为手段，将自己定位为“会员们的采购代理”，使会员们享受到低廉的仓储价格。它提供的商品不单单是名牌商品，还有各种各样的食品，物美价廉、品种齐全是山姆会员商店被广大顾客认可的关键因素。会员的权益并不局限于商品的购买，还包括享受本地某些餐厅和休闲娱乐场所的折扣。第三种类型是沃尔玛社区店，顾名思义，它位于社区。它的规模比商店小，服务对象是社区居民。沃尔玛社区店销售的商品包含生鲜产品，这也是它与便利店最大的不同之处。

提及沃尔玛公司，就不得不提到山姆·沃尔顿先生，他是沃尔玛公司的创始人，于1962年在阿肯色州开办了沃尔玛公司。如今，沃尔玛公司已发展为零售业的龙头企业，成为世界上最大的连锁零售企业。下面，让我们从它的内部控制出发，了解其举世瞩目的成就背后的秘诀。

1.2.2 案例分析

沃尔玛公司内部控制体系的健全，制度执行的有效，是其走向成功的有力保障。

1. 内部环境

内部环境是企业实施内部控制的基础。在这里，我们重点分析一下沃尔玛公司的组织架构和企业文化。

（1）组织架构。组织架构是指企业按照国家有关法律法规、股东（大）会决议和企业章程，结合本企业实际，明确股东（大）会、董事会、监事会、经理层和企业内部各层级机构设置、职责权限、人员编制、工作程序和相关要求的制度安排。

沃尔玛公司在经营方面能够取得如此成就，与它拥有完整高效的组织架构是分不开的。这个组织架构如同一只无形的手，操控着沃尔玛公司的总体运行，即使沃尔玛公司已成为世界性连锁企业，也不会脱离轨道运行。

沃尔玛公司的人事组织架构清晰明朗，能够使纷杂的事务得到有条不紊地处理。人事组织架构自下而上分别是部门经理、助理经理、分店经理、地区经理、区域副总裁、执行副总裁和公司总裁，他们都有义务逐级向上汇报工作。另外，财务副总裁、新店规划副总裁和执行副总裁属于平级，他们也有义务向公司总裁独立汇报工作。

分店的经营管理方式较为固定，基本上是一名分店经理和两名以上助理经理进行管理。助理经理根据商品的属性，分别负责一类商品并进行管理，同时是部门经理的领导者。分店经理是分店的总负责人，负责整个商店运营的所有事项，同时有义务向地区经理汇报工作。每名地区经理管辖所属地区的各个分店经理，他们通过了解各个分店的情况，及时向区域副总裁汇报工作。执行副总裁下设几个区域副总裁，通过区域副总裁的汇报，及时了解各区域的工作。处于“金字塔”顶端的是公司总裁，他通过领导财务副总裁、新店规划副总裁和执行副总裁，了解和掌握公司的全部动向。这种组织架构有着分明的上下级关系，每个人的权力和责任非常明确，管理者各司其职，完成各自的使命，使整个公司的沟通无障碍，运营管理高效。简单清晰的组织架构，仍然适用于规模不断扩大的沃尔玛公司。

（2）企业文化。企业文化是企业在生产经营实践中逐步形成的、为整体团队所认同并遵守的价值观、经营理念和企业精神，以及在此基础上形成的行为规范的总称。

沃尔玛公司有着温暖人心的企业文化，它的成功之道在于它始终坚持四大信仰——尊重个人、服务顾客、追求卓越和诚信行事。

①尊重个人——每名员工都是主角。在沃尔玛公司这个大家庭中，领

导者能从长远角度出发，通过不断培训，提升员工的个人能力。通过这种培训激励，员工的自信心大幅提升，敢于面对挑战性更大的工作，敢于为企业发展承担更多的责任。企业发展与个人发展的良性循环，使得沃尔玛公司这个大家庭越发壮大。沃尔玛公司为个人发展提供了更大的舞台，在这里，员工的工作成绩可得到肯定，每名员工提出的意见和建议可得到尊重。

②服务顾客——顾客就是老板。企业生存发展的灵魂是服务，如果服务不到位，那么企业终将一败涂地，而一切服务的核心都是让顾客满意。沃尔玛公司将顾客视为老板。只有真正了解顾客所思所想所需，才能真正让顾客满意，才能开创双赢局面。

③追求卓越——沃尔玛公司发展之源。在沃尔玛公司这个大家庭中，家庭成员之间分享最多的是使顾客满意的承诺。营业开始前，成员们聚在一起，高呼口号，每个人都以斗志昂扬的精神状态，迎接新的一天。如果说口号是工作的驱动力，那么共同查看前一天的业绩、讨论当天的任务便是脚踏实地的执行力。正是因为每个成员时刻心系目标，不断追求卓越品质，才造就了今天的沃尔玛公司。

④诚信行事——沃尔玛公司生存之本。沃尔玛公司主营零售业，始终坚持诚信对待员工，诚信对待合作伙伴，诚信对待顾客。在市场经济时代，诚信是发展的基石，沃尔玛公司深知其中的道理。在对待员工、合作伙伴和顾客方面，只有做到诚信不欺、一诺千金，企业才能长久地发展下去。靠着诚信，员工尽职尽责、互敬互重；靠着诚信，合作伙伴给予了更多的支持；靠着诚信，沃尔玛公司赢得了更多顾客的信赖。

2. 风险评估

风险评估是对企业所收集的风险管理初始信息和企业各项业务管理及其重要业务流程进行的评估，用于准确识别和实现与控制目标相关的内部风险和外部风险，确定相应的风险承受度（包括整体风险承受能力和业务层面的风险可接受水平）。

企业面临的风险很多，可能遇到的风险包括公关失策风险、高层调动频繁风险、供应商关系不畅风险、物流系统失灵风险。沃尔玛公司通过内部控制的“三道防线”来有效监控关键点，及时发现风险点，准确应对风险。

（1）第一道防线：业务部门防线。由于现金流动性强，资产变现能力强，现金和资产业务往往是风险的关键控制点。沃尔玛公司的业务部门自然成为风险管理的主要部门，因为公司大部分现金和资产业务都存在于该部门。如何在业务部门中防范风险，成为管理层首要考虑的问题。沃尔玛公司的管理层充分发挥风险管理部和审计部的专业优势，与其共同协商政策，通过政策的实施，将风险管理方法和内部控制流程融入业务部门的各个环节中，从而形成了风险管理的第一道防线。这第一道防线，分别从宏观控制和微观控制两个层面着手：宏观控制包括公司的组织结构设立、职责划分、审批程序等；微观控制包括采购政策与制度、存货管理、资金管理等。正是这种宏观控制和微观控制的有效结合，才使得业务部门能够从繁杂的业务中，精准地分析出应对管理风险的机制，打造出以“天天低价”为特色的控制机制，从而使沃尔玛公司能做到商品成本低、周转速度快。即使顾客对商品的需求量大，沃尔玛公司仍然能做到“零库存”，每年节省数百万美元的仓储费用，将“成本抑减”工作落到了实处。

（2）第二道防线：风险管理部门防线。风险管理委员会和风险管理部构成该防线的两层系统。

风险管理委员会包括三名成员，其主要的职能是将公司的风险管理落实，同时对风险管理部进行实时监督。风险管理委员会在管理层确定风险取向时，能够起到很好的协助作用；在风险管理制度的建立和维护方面起到主导作用；同时更是风险管理政策和策略的出谋划策者，是与风险意识相关的企业文化的建立者。

风险管理部由策略部、系统开发与分析部、管理信息系统部和法律室组成。它是各业务部门的直属领导部门，需要协调各业务部门的风险管理工作。它通过组合式的管理方式，对各业务部门进行风险管理，在各业务部门进行内部控制，进行自我评估和管理的过程中，起到协助和监督的作用。它通过定性分析和定量分析等方法，对各业务部门财务风险等进行详细分析。

（3）第三道防线：内部审计防线。该防线的领导者是审计委员会，审计委员会从财务、经营和合规等方面出发，评估公司的风险，确定各业务部门的已知风险点，同时识别出新的风险点。其主要掌握针对已知风险点，公司是否通过内部控制的制定与执行，将风险控制在可接受范围内的情况。

这三道防线，从事前、事中、事后对风险进行了全程管控，更好地降低了风险级别。然而，这三道防线各自独立，要想真正发挥作用，还需要风险管理治理结构作为基础。沃尔玛公司将董事会和管理层作为风险管理治理结构的组成部分。董事会各成员学识渊博、阅历丰富、能谋善断，董事会和管理层的合作关系建立在尊重和信任的基础上。正是因为沃尔玛公司拥有一套与公司战略紧密结合的风险管理治理结构，才使得三道防线的功能有效地发挥。

3. 控制活动

控制活动是企业根据风险评估结果，采用相应的控制措施，将风险控制在可承受度之内。董事会是沃尔玛公司的公司治理结构中内部控制系统的操刀手，它为公司的经理层制定规则，通过这些规则的控制，经理层从各自允许的范围内选择策略，从而为公司取得收益。由此可见，董事会的角色关乎内部控制的执行情况，它需要适时管理、适当监控、适度领导，这就必然对董事会成员的能力提出了更高的要求。董事会成员不仅需要对公司各个环节了然于胸，集技术和管理能力于一身，而且需要敏锐地察觉各个风险点。

内部控制应当在治理结构、机构设置及权责分配、业务流程等方面形成相互制约、相互监督的关系。沃尔玛公司的董事会及其成员在内部控制制度的有效运行中充分发挥了作用，将有效牵制原则发挥得淋漓尽致，使得公司高层做出的决策具有高度预见性和创造力。

内部控制并不是尽善尽美，能堵塞一切漏洞的，它应当与企业经营规模、业务范围、竞争状况和风险水平等相适应。沃尔玛公司采取“店中有店”的独特管理模式，每个店根据自身特点，划分不同的区域，每个人所负责的区域就是一个店面，而自己就是店长，自己管理自己的业务。这种管理模式，给了每个人极高的自主权，充分调动了每个员工的积极性。

（1）不相容职务分离控制。由于沃尔玛公司所经营的产业是零售业，这一行业的特征就是存在大量的现金业务。在现金报销环节，现金的流动性强，出现漏洞的风险高，规避该环节风险的好方式，便是做好不相容职务分离控制。在沃尔玛公司，现金报销时，原始手工凭证的填制、计算机机制凭证的录入、最终凭证的复核均由不同的人负责。三人的岗位职责各自独立，这就对现金报销业务真正起到了牵制作用。在支票签发环节，虽然工作简单，但是极易发生舞弊事件，沃尔玛公司采取两人同时签名负责的方式，要求出纳人员和会计负责人同时签章才可生效，大大降低了风险。在银行存款对账环节，对账及时是基本要求，沃尔玛公司并没有将编制银行存款余额调节表的任务交给出纳人员，也没有交给登记现金日记账和银行存款日记账的会计人员，而是交给了与这三类业务不相关的第三人。出纳人员不得从事债权、债务的监管，没有登记收入和费用工作的权限。这就实现了权责分离，管钱、管账不相容。同时，沃尔玛公司在物资请购、采购、验收、收款、记账的流程中，采用不同的人员承担不同环节的工作的方式。不相容职务分离控制，有效地预防了舞弊事件的发生。

（2）财产保全控制。在现金方面，沃尔玛公司建立了健全的现金定期盘点制度，要求发生货币资金的收入和支出时，立即入账，不得拖延。沃尔玛公司总部每年到下属商场进行 1~2 次检查，通过内部复核对各商场财务部门进行监督考核。在货物方面，沃尔玛公司控制储备定额，防止超储积压，对于重要货物的采购，不与中间商签订合同，直接与生产单位合作，确保利益安全。在沃尔玛公司中，会计部门不再是单一的记账、付款的部门，而是工作前移，投入合同签订工作中。这种工作前移节约了信息搜索成本，促进了资源的有效配置。收货部门的验收环节是重中之重，因为该部门的工作不是简单地拿着合同清单对比品种和数量，沃尔玛公司更看重的是商品质量，它的商品质量甚至可以成为跨国连锁零售业质量控制的晴雨表。因此，收货部门会严把质量关。

（3）对经营活动的控制。沃尔玛公司对经营活动的控制主要体现在规范标准化、服务专业化、作业统一化和管理简单化上。沃尔玛公司总部对商品、服务、店名和店容有着严格的规定，无论去哪里的沃尔玛购物，顾客都会享受到一样的购物体验，这就是沃尔玛公司标准化的最佳体现。古语道“三百六十行，行行出状元”，沃尔玛公司为了给顾客提供更好的服务，把专业的事情交给专业人士去做，因此其采购、物流、销售、管理等方面的细节，都彰显出专业素养。俗话说熟能生巧，沃尔玛公司总部直接控制或制定标准化流程，统一作业流程，坚持做到全球统一。规范性的统一作业，如统一化的商品采购、统一化的物流配送、统一化的资金结算、统一化的信息汇集、统一化的广告宣传和统一化的员工培训等，使得新开业的沃尔玛分店，不用在纷杂的市场环境中摸索前进。经营零售业，看似简单，实际复杂，尤其是颇具规模的商场。沃尔玛公司正是因为将复杂的事项简单化，使员工工作简单化、业务运作简单化、商业活动简单化，才能立于不败之地。

4. 信息与沟通

信息与沟通是企业及时、准确地收集、传递与内部控制相关的信息，以确保信息在企业内部、企业与外部之间有效沟通。

沃尔玛公司非常重视信息技术，它是全球第一个建立物流数据处理中心的公司。该技术的应用，实现了集团对物流网络的实时监控，将采购、订货、配送和销售融为一体，节约了时间，加快了物流的运转速度。当顾客进行购物结算时，相应的购物信息，同步传到了生产计划、采购计划的人员以及供应商的计算机上，各个环节将会根据信息迅速做出反应，完成相应工作。

这种高速的信息沟通系统，为沃尔玛公司的经营活动带来了高效率和高利润，同时也证实了沃尔玛公司董事会的超凡智慧和在内部控制中运作的有效性。建立完善的信息沟通系统，有利于增强企业内部控制的成效。

5. 内部监督

沃尔玛公司非常重视监督环节。内部控制不是一个结果，而是一个过程。在这个过程中，只有将大量制度及活动纳入管理，内部控制才能真正发挥作用。为了保证内部控制的有效执行，确保内部控制的与时俱进，监督环节必不可少。由于沃尔玛公司属于跨国连锁企业，因此沃尔玛公司将信息技术引入监督环节，采用卫星系统监控全球的所有店铺、配送中心和经营的所有商品，随时掌握与经营有关的购、销、调、存等信息。

强而有力的内部控制，是一个企业成功的法宝。沃尔玛公司正是因为从内部环境、风险评估、控制活动、信息与沟通和内部监督这五个内部控制的要素着手，才一步步踏上成功之路。

1.3 我国内部控制与企业风险管理的发展

2001 年 12 月，安然公司突然申请破产保护，此后美国上市公司和证券市场丑闻不断，特别是 2002 年 6 月的世界通信公司会计丑闻事件，彻底打击了投资者对美国资本市场的信心。这些公司的财务舞弊案，在很大程度上是内部控制失灵所导致的，为此美国国会于 2002 年 7 月通过了《萨班斯—奥克斯利法案》，以此对美国上市公司的内部控制进行监控，以免上市公司陷入危机。在该法案的推动下，国际社会对内部控制和风险管理的认识显著提高，掀起了内部控制建设与评价的高潮，相当多的跨国公司花费巨资完善内部控制机制。我国越来越多的企业也意识到，企业内部控制是提高企业运营效率、保障企业依法经营和会计信息真实可靠、促进企业实现战略目标的活动，是现代企业制度的根本要求，是企业各项管理工作的基础，也是企业提高管理水平和防范风险的一种有效机制。企业要实现健康可持续发展，就必须不断完善内部控制体系，通过制度规避风险，以机制控制风险，以责任降低风险。我国监管当局也充分意识到加强内部控制和企业风险管理建设的重要性。

2003 年 12 月，证监会修订发布《证券公司内部控制指引》。其目的是引导证券公司规范经营，完善证券公司内部控制机制，增强证券公司的自我约束能力，推动证券公司现代企业制度建设，防范和化解金融风险。

2006 年 6 月，证监会发布《证券公司融资融券业务试点内部控制指引》。其目的是指导证券公司建立健全融资融券业务试点的内部控制机制，防范与融资、融券业务有关的各类风险。

2006 年原银监会发布了《银行业金融机构信息系统风险管理指引》。其目的是有效防范银行业金融机构运用信息系统进行业务处理、经营管理和内部控制过程中产生的风险，促进我国银行业安全、持续、稳健运行。

2006 年 6 月，上证交易所发布了《上海证券交易所上市公司内部控制指引》。该指引要求上市公司应自 2006 年起在年度报告中披露内部控制自我评估报告和会计师事务所对自我评估报告的核实评价意见。

2006 年 6 月，国资委发布了《中央企业全面风险管理指引》。其目的是指导中央企业开展全面风险管理工作，进一步提高企业管理水平，增强企业竞争力，促进企业稳步发展。

2006年9月，深交所发布了《深圳证券交易所上市公司内部控制指引》。其目的是加强上市公司内部控制，促进上市公司规范动作和健康发展，保护投资者合法权益。该指引要求上市公司应当在2007年6月30日之前，建立健全公司内部控制制度。

2007年5月，原银监会发布了《商业银行操作风险管理指引》。该指引的目的是进一步加强商业银行的操作风险管理，推动商业银行完善公司治理结构，提升风险管理能力。

2007年7月，原银监会发布《商业银行内部控制指引》。该指引首次提出要对内部控制进行全流程评价，将内部控制体系的五项要素有机地联系在一起。

2008年6月，财政部、证监会、审计署、原银监会、原保监会联合发布了《企业内部控制基本规范》(以下简称《基本规范》)。该规范融合了COSO风险管理的先进经验，又具有中国特色，被世人赞誉为“中国版的萨班斯法案”。该规范自2009年7月1日起在上市公司范围内施行，鼓励非上市的大中型企业执行。执行该规范的上市公司，应当对本公司内部控制的有效性进行自我评价，披露年度自我评价报告，并可聘请具有证券、期货业务资格的会计师事务所对内部控制的有效性进行审计。该规范有助于提高企业经营管理水平和提升企业风险防范能力，促进企业可持续发展，维护社会主义市场经济秩序和社会公众利益。其标志着我国企业内部控制规范体系建设取得重大突破。

2009年，原银监会发布《商业银行信息科技风险管理指引》。该指引的出台，有助于加强商业银行信息科技风险管理，进一步推动我国银行业信息科技风险管理向更高水平迈进。

1.4　我国企业内部控制规范体系

《企业内部控制基本规范》《企业内部控制配套指引》《企业内部控制规范体系实施中相关问题解释第 1 号》《企业内部控制规范体系实施中相关问题解释第 2 号》的陆续发布，标志着我国内部控制规范体系的基本形成，是我国内部控制体系建设的里程碑。它们加强和规范了企业的内部控制，提高了企业经营管理水平和提升了企业风险防范能力，促进了企业可持续发展，维护了社会主义市场经济秩序和社会公众利益。

1.4.1　企业内部控制《基本规范》

《企业内部控制基本规范》共七章五十条，各章分别是：总则、内部环境、风险评估、控制活动、信息与沟通、内部监督和附则。

《企业内部控制基本规范》充分彰显出中国特色。其制定从国情出发，循国际惯例，建立了适用于我国企业的内部控制体系的基本框架。《企业内部控制基本规范》明确了以下内容。

（1）明确内部控制的定义，强调内部控制是一种过程管理，实施主体是董事会、监事会、经理层和全体员工，树立全面、全员、全过程控制的理念。

（2）明确内部控制的目标，将经营合规、资产安全、信息真实完整、提高经营效率和效果作为根本，将企业发展战略作为奋斗的目标。

（3）明确内部控制的原则，内部控制全过程、全方位贯彻五大原则即全面性原则、重要性原则、制衡性原则、适应性原则和成本效益原则。

（4）明确内部控制的要素，构建以内部环境为重要基础、以风险评估为重要环节、以控制活动为重要手段、以信息与沟通为重要条件、以内部监督为重要保证，相互联系、相互促进的五要素内部控制框架。

（5）明确监督的重要作用，建立以企业为主体、以政府监管为促进、以中介机构审计为重要组成部分的内部控制实施机制，要求企业实行内部控制自我评价制度，并将各责任单位和全体员工实施内部控制的情况纳入绩效考评体系；国务院有关监管部门有权对企业建立并实施内部控制的情况进行监督检查；企业可以依法委托会计师事务所对本企业内部控制的有效性进行审计，出具审计报告。

1.4.2 企业内部控制配套指引

《企业内部控制配套指引》连同《企业内部控制基本规范》，共同构建了我国企业内部控制规范体系。《企业内部控制配套指引》由《企业内部控制应用指引》《企业内部控制评价指引》《企业内部控制审计指引》组成，三者之间既相互独立，又相互联系，形成一个有机整体。

《企业内部控制应用指引》用于指导企业按照内部控制原则和内部控制五要素建立健全本企业的内部控制，可以划分为三类，即内部环境类指引、控制活动类指引、控制手段类指引，基本涵盖了企业资金流、实物流、人力流和信息流等各项业务和事项。应用指引具体包括组织架构、发展战略、人力资源、社会责任、企业文化、资金活动、采购业务、资产管理、销售业务、研究与开发、工程项目、担保业务、业务外包、财务报告、全面预算、合同管理、内部信息传递、信息系统等 18 项应用指引。《企业内部控制应用指引》在配套指引乃至整个内部控制规范体系中占据主体地位。

《企业内部控制评价指引》是为企业管理层对本企业内部控制有效性进行自我评价提供的指引。在企业内部控制实务中，内部控制评价是极为重要的一环。《企业内部控制基本规范》及 18 项应用指引，立足我国经济、社会、文化及管理的现实，无论是制度要求的口径和范围，还是具体要素和业务活动的内容及相互关系，较世界主要市场经济体的通行做法，在保持框架大体一致的前提下，又有很多适应我国社会主义市场经济发展要求的特色。因此，如何科学评价中国企业内部控制制度、不简单照搬发达国家或地区的现成做法，成为我国企业内部控制规范体系建设的重要命题和挑战。《企业内部控制评价指引》从内部控制评价的内容、程序、缺陷认定和评价报告四方面进行了详细阐述。其为企业开展内部控制自我评价提供了一个共同遵循的标准，为参与国际竞争的中国企业在内部控制建设方面提供了自律性要求，有利于提高投资者、社会公众乃至国际资本市场对中国企业素质的信任度。

《企业内部控制审计指引》是注册会计师和会计师事务所执行内部控制审计业务的执业准则，规范了注册会计师执行企业内部控制审计业务。它对如何计划审计工作、如何实施审计工作、如何评价控制缺陷、完成审计工作的注意事项，以及出具审计报告的标准等都做出了具体规定。它是企业内部控制规范体系实施中引入的强制性要求，既有利于促进企业健全内部控制体系，又有利于增强企业财务报告的可靠性。

1.4.3 企业内部控制规范体系实施中相关问题

《企业内部控制规范体系实施中相关问题》是财政部会同证监会、审计署、原银监会、原保监会、国资委针对企业内部控制规范体系实施过程中出现的新情况和新问题的明确和解答，是政府监管机构对企业内部控制规范体系实施过程的监控和反馈。其发布目的是具体解释企业内部控制规范体系实施过程中出现的问题，及时对规范体系进行有益补充，形成政策制定者与政策实施者之间的良性互动，完成规范体系的试点工作，从而推动企业内部控制规范体系的顺利实施。

2012年2月，《企业内部控制规范体系实施中相关问题解释第1号》发布。《企业内部控制基本规范》（财会〔2008〕7号）及其配套指引已于2011年1月1日起在境内外同时上市的公司和部分在境内主板上市的公司实施和试点。由于具体执行过程中出现了一些问题，因此财政部会同证监会、审计署、原银监会、原保监会对这些问题进行了研究，并征求了有关上市公司、咨询公司等单位的意见，在此基础上制定了《企业内部控制规范体系实施中相关问题解释第1号》。该公告解答了企业内部控制规范体系实施中遇到的10个重要问题，具体包括企业内部控制规范体系的强制性与指导性的关系的把握、内部控制规范体系的实施范围、内部控制规范体系与其他监管部门的联系、内部控制与风险管理关系的协调、规范体系的政策盲区、内部控制的实施成本与预期效益之间的权衡、内部控制与其他管理体系关系的协调、内部控制缺陷的认定标准、内部控制机构的设置和内部控制评价报告的编制和披露。

2012年9月，《企业内部控制规范体系实施中相关问题解释第2号》发布。《企业内部控制基本规范》（财会〔2008〕7 号）和《企业内部控制配套指引》（财会〔2010〕11 号）已于 2011 年在境内外同时上市的公司平稳实施。对实施中出现的问题，2012 年 2 月财政部会同相关部门通过印发《企业内部控制规范体系实施中相关问题解释第 1 号》（财会〔2012〕3 号）加以明确，对推动企业内部控制规范体系有效实施发挥了积极的作用。随着境内主板上市公司 2012 年正式实施内部控制规范体系，也出现了一些新情况、新问题，如内部控制组织实施、内部控制实施的进度与重点、内部控制人才队伍培养、小型企业内部控制建设等，需要研究解决。为此，财政部同证监会、审计署、原银监会、原保监会、国资委，对这些新情况、新问题进行了认真研究，并征求了有关上市公司、咨询机构和有关部门的意见，形成了《企业内部控制规范体系实施中相关问题解释第 2 号》。该公告解答了企业内部控制规范体系实施中遇到的 10 个重要问题，具体包括内部控制的组织实施工作的把握、内部控制实施工作的进度和重点的把握、内部控制专业人才缺乏状况的改善、集团性企业内部控制评价范围的确定、中介机构的选择、开展内部控制评价工作的组织形式、内部控制评价中发现缺陷的处理方式、会计师事务所独立性要求、内部控制审计时间安排和小型企业内部控制建设考虑因素。

第 2 章

内部控制的“五脏六腑”

导读

人类很早就提出了内部控制的概念。在古埃及的税收行政部门中，就存在双头管理的现象，即一部分工作人员负责征税，而另外一部分工作人员负责监督。

虽然内部控制历史悠久，但是内部控制在一个企业的建立和实施却并非总是顺风顺水，内部控制部门频繁受到来自业务部门的种种责难。

内部控制部门日常工作中经常会遇到一些普遍性的问题。“会议越来越多，工作流程越来越长，参与其中的部门越来越多，但风险是否真的越来越少？”“审批是一项控制，但是计划永远赶不上变化，有时为了能够应对突发状况，我们往往采用开绿灯的方式，那么我们的审批控制还有存在的意义吗？”“内部控制部门的职责感觉就是不断地出台一项又一项制度，建立一个又一个流程，而有的事项却在不同的制度中有不同的规定，我们怎么执行？”这些问题都是对内部控制的误解。想要弄清内部控制到底是什么，企业需要真正地去了解内部控制的“五脏六腑”。

2.1　简要的定义，科学界定了内部控制的内涵

内部控制在《企业内部控制基本规范》中，被定义为“由企业董事会、监事会、经理层和全体员工实施的、旨在实现控制目标的过程”。

从这个定义中不难看出，内部控制的实施主体是董事会、监事会、经理层和全体员工。而且内部控制不是一个时点，而是一个过程，这个过程是企业为了实现其经营目标，保护资产的安全完整，保证会计信息资料的正确可靠，确保经营方针的贯彻执行，保证经营活动的经济性、效率性和效果而在企业内部采取的自我调整、约束、规划、评价和控制的一系列方法、手段与措施。内部控制是一种全面、全员、全过程控制的理念。

1. 控制环境

控制环境包括治理职能和管理职能，以及治理层和管理层对内部控制及其重要性的态度、认识和措施。控制环境设定了企业的内部控制基调，影响员工对内部控制的认识和态度。良好的控制环境是实施有效内部控制的基础。控制环境具体包括：管理者的思想和经营作风；企业组织结构；管理者的职能及对职能的制约；确定职权责任的方法，管理者在进行监督和检查工作时用到的控制方法；人事工作方针的实施及所带来的影响，影响本企业的各种外部关系。

2. 控制程序

控制程序是管理者针对企业制定出的方针及程序，用来确保企业可以达到一定的目标。其具体包括：经济业务及经济活动的批准权；对有关人员的职责进行明确分工，有效防止舞弊行为；账单及凭证的设置使用，确保业务活动记载的都是正确信息；对于财产和财产记录的接触、使用的保护措施，复核已经登记的业务和评价。

3. 会计系统

会计系统是企业为了汇总、分析、分类、记录、报告企业的业务活动，并且为了保持对相关资产与负债的受托责任而建立的方法和程序。其具体包括：确认并记录所有真实的经济业务；及时并充分详细地描述经济业务，以便在财务会计报告中对经济业务做出适当的分类；计量经济业务的价值，以便在财务会计报告中记录其适当的货币价值；确定经济业务发生的期间，以便将经济业务记录在适当的会计期间；在财务报告中适当地表达经济业务和披露相关事项。

2.5　五大原则：内部控制建立的准绳

内部控制原则是企业建立与实施内部控制应当遵循的基本方针。企业建立与实施内部控制，应当遵循全面性原则、重要性原则、制衡性原则、适应性原则和成本效益原则。

1. 全面性原则

全面性原则是内部控制应当贯穿决策、执行和监督全过程，覆盖企业及其所属单位的各种业务和事项的原则。企业的内部控制制度要与企业的风险防范措施相匹配，充分考虑宏观政策和企业的发展，考虑企业战略规划和短期目标，考虑竞争对手的动向。因此，内部控制制度应充分涉及企业的各个方面。

2. 重要性原则

重要性原则是内部控制应当在全面控制的基础上，关注重要业务与事项和高风险领域与环节。企业要根据自身的实际情况，针对企业业务工作中的薄弱环节，制定切实有效的内部控制制度，将各个环节和细节加以有效控制，以提高企业的经营管理水平。内部控制的重要性原则要求企业针对重要业务与事项、高风险领域与环节采取更为严格的控制措施，确保不存在重大缺陷。重要性原则的应用需要一定的职业判断，企业应当根据所处行业环境和经营特点，从业务与事项的性质和涉及金额两方面来考虑是否及如何实行重点控制。

筹帷幄，离不开对各种信息的及时掌握。因此，通过控制手段尽量提高所获信息的准确性和真实性尤为必要，建立内部控制可以确保财务信息的真实可靠。

2. 保证生产和经营活动顺利进行

内部控制存在的意义在于，纠正失误，革除弊端，防止生产和经营活动出现误差，通过明晰职责分工、制定相关制度、明确各种流程、规范审批程序、开展有效监督等手段，有效地控制企业生产和经营活动顺利进行，从而保证实现企业的经营目标。

3. 保证企业财产的安全完整

财产是企业从事生产经营活动的物质基础。企业实施内部控制可以通过适当的方法对货币资金的收入、支出、结余及各项财产的采购、验收、保管、领用、销售等活动进行控制，防止发生贪污、盗窃、滥用、毁坏等不法行为，保证财产的安全完整。

4. 保证企业既定方针的贯彻执行

经营方针、政策、制度的制定很重要，贯彻执行更重要。如何让方针的制定与贯彻执行衔接起来，是内部控制需要解决的问题。企业通过内部控制的不同手段，例如制定流程、建立审核批准制度、开展监督性检查等，引导全体员工贯彻执行既定的方针、政策和制度。

5. 为审计工作提供良好基础

审计监督必须以真实可靠的会计信息为依据，检查错误，揭露弊端，评价经济责任和经济效益，而只有具备了完备的内部控制制度，才能保证信息的准确、资料的真实，并为审计工作提供良好的基础。总之，实施良好的内部控制可以有效地防止各项资源的浪费和错误、弊端的出现，提高生产、经营和管理效率，降低企业成本费用，提高企业经济效益。

2.7　三大环节：实现内部控制的过程管理

企业内部控制的过程管理体现在事前防范、事中控制和事后监督三个环节。

1. 事前防范

企业需要建立一套严格的内部控制规章制度，在经营管理过程中，合理设置职能部门，明确各部门的职责，建立内部控制和职能分离体系。企业应充分考虑不兼容职务相互分离的制衡要求。各部门、各岗位形成相互制约、相互监督的格局。通过全面的考虑、周密的布局，堵塞漏洞，将风险降到最低，内部控制制度起到了事前防范的作用。

2. 事中控制

事中控制是一种对进行中的运营系统做日常性控制的控制方式。事后控制虽然能起到亡羊补牢的作用，但是难免有为时已晚的缺陷。而在经营活动进行之中对其实施有效的控制，便是事中控制存在的意义。事中控制是利用反馈信息实施控制的。它通过现场观测获取信息，及时把输出量与控制目标进行比较分析，采取纠正偏差的控制措施，不断消除产生干扰的不良因素，确保计划目标的实现。事中控制活动是经常性的，每时每刻都在进行之中。显然，它的控制重点是当前的过程，要把经营活动置于严密的控制之中，保证计划的顺利执行。

3. 事后监督

除事前防范、事中控制环节之外，事后监督也是必不可少的环节。在每个会计期间或每项重大经济活动完成之后，内部审计监督部门都应按照有效的监督程序，审计各项经济业务活动，及时发现内部控制的漏洞和薄弱环节。这样既可保证管理目标的适当性和科学性，也可根据反馈的实际信息，随时采取调整措施，以保证管理更为科学、合理、有效。

2.8 内部控制审计指引

内部控制审计，是会计师事务所接受委托，对特定基准日内部控制设计与运行的有效性进行审计。接受企业委托从事内部控制审计的会计师事务所，应当根据《企业内部控制基本规范》及其配套办法和相关执业准则，对企业内部控制的有效性进行审计，出具审计报告。会计师事务所及其签字的从业人员应当对发表的内部控制审计意见负责，这为内部控制的有效性提供了合理保证。

2.9 案例：无视内部控制的要素，大意失荆州

2.9.1 基本案情

东汉末年，社会动荡不安，刘汉王朝大厦即将崩塌。朝廷内十常侍祸

乱朝纲，颠倒黑白；民间张氏兄弟高呼“苍天已死，黄天当立”的口号，掀起声势浩大的农民起义。一时间战火熊熊，狼烟四起。俗话说“乱世出英雄”，公孙瓒、曹操、袁绍、袁术、吕布、孙策、刘备、张飞、关羽、诸葛亮等各路豪杰不断涌现，从群雄逐鹿到赤壁之战，从魏蜀吴三国鼎立到三分归一统，三国时代波澜壮阔的大幕缓缓开启。

大意失荆州，即三国时期刘备手下名将关羽失去荆州三郡的故事。赤壁之战后，刘备、曹操、孙权三股势力瓜分了荆州的七个郡，刘备进入蜀地，关羽留下来镇守荆州的五郡，其中荆州南郡是刘备向东吴借的。蜀川被刘备占领以后，荆州的长沙、桂阳两郡被刘备还给了孙权。后来孙权趁关羽出兵攻打曹操的襄樊地区之际，派吕蒙乘虚偷袭荆州三郡，导致关羽所守的荆州三郡失陷。

2.9.2 案例分析

内部环境是内部控制框架的基础，涵盖治理结构、机构设置及权责分配、内部审计、企业文化、人力资源政策等方面。

在治理结构方面，关羽过于强调个人力量，一人独大，无法与人做好长期的合作。刚愎自用、骄矜自傲是关羽性格的重大缺陷。

在企业文化方面，关羽没有做好文化建设工作，没有培育好手下将领的核心价值观。一个团队，如果做不到“言必信，行必果”，那么付出的代价往往是巨大的。刘备借荆州这个典故广为流传，荆州处于重要地理位置，是三国政治、经济、军事、文化的交叉、汇聚点，刘备借荆州用以联吴抗曹，事成之后，孙权派人讨还荆州，刘备却一借不还。这使得双方剑拔弩张，最后以湘水为界，平分了荆州，这件事才得以平息。然而过后关羽北伐，接收了于禁的部队，虽然大获全胜，队伍壮大，可是却没有考虑粮草问题。为了解决部下温饱问题，关羽带领手下大肆抢劫孙权的粮仓，彻底激怒了孙权。孙权全军出动，给关羽致命一击。

在人力资源政策方面，关羽没有将合适的人放在合适的岗位上。大军北伐，关羽把“根据地”留给了糜芳与傅士仁，这两人能力有限，无法及时供应前方军需。关羽性烈如火，非但不从中找出产生问题的原因，还总是大骂“等我班师，军法伺候”，这必然导致两人叛变。而汉高祖刘邦把“根据地”关中留给萧何驻守，刘秀把基地河内留给寇恂主持，曹操把许县屯田交付给枣祗，都是把“根据地”托付给自己信任、有才干的人，以提供源源不断的粮草与兵源。

风险评估是对所收集的风险管理初始信息和企业各项业务管理及其重要业务流程进行的风险评估，准确识别与实现控制目标相关的内部风险和外部风险，确定相应的风险承受度，包括整体风险承受能力和业务层面的可接受风险水平。在内部风险方面，关羽没有对关键岗位和人员进行分析，没有将“根据地”托付给信任、有才干的人，因个人偏好而给团队带来了重大损失。在外部风险方面，襄樊战役前后，吴、魏使者往来不绝，密谋夹击关羽，而刘备、诸葛亮对此一无所闻，对关羽未做任何具体的军事、后勤与外交的部署和支援。

控制活动是指按照既定目标和标准，对组织活动进行监督、评估，发现偏差并分析原因，采取措施使组织活动符合既定要求的过程。企业应当根据内部控制目标，结合风险应对策略，综合运用控制措施，对各种业务和事项实施有效控制。从事实看，刘备带领部下能够在短时间内屡次取得胜利，说明领导层面拥有完整的管理制度并且管理制度得到切实执行。如果刘备领导下的管理者对日常控制活动中发现的一些不良信息进行收集、整理，并对异常现象（吴、魏使者往来不绝）寻找合理解释，以进一步提升控制活动的效率、效果，也许就不会发生类似“败走麦城”的悲剧了。

在信息与沟通方面，应做到及时、准确、完整地收集与企业内部控制相关的各种信息，并使这些信息以适当的方式在企业有关层级之间被及时传递和正确应用。信息与沟通是实施内部控制的重要条件。企业在经营过程中，需按某种形式辨识、取得确切的信息，并与相关人员进行沟通，以促使员工履行其职责。关羽生性骄傲、听不进劝谏的缺点，导致一些受过他蔑视和侮辱的将领对他既怕又恨，以致当他陷入绝境时，众叛亲离、无人救援。同时，关羽败走麦城，突围至临沮被吴兵擒杀，然而刘备、诸葛亮对整个战役急转直下的形势竟然一无所闻，这中间已然存在信息与沟通不及时、不全面的问题。

在内部监督方面，内部监督是企业管理过程中内部控制的一项重要内容，其实质是通过对实际工作进行检查，及时发现运行偏差及产生偏差的原因，并采取措施纠正偏差的一系列活动。从这个意义上说，加强内部监督是企业管理的一个重要环节，是内部控制得到有效实施的有力保障。关羽在荆州原本的任务就是镇守，也就是说蜀国集团希望关羽在前线吸引魏国和吴国的注意力，但并不打算让关羽出兵。但关羽因为贪功，扩大了战局规模。可以说关羽失败是不听从上级命令、不顾大局造成的。关羽没有安排监督人员，我行我素，导致了后面的失败。

内部控制的实施远比想象中复杂和困难。将内部控制的要素、理念、框架、结构与企业的实际活动结合起来，将内部控制的设计、评价、改进真正落实，是一个长期而艰巨的任务。尤其是内部环境的培育问题、内部控制实施的内在动力问题更非短期可解决的问题。

2.10 案例：丢失内部控制的“五脏六腑”，企业终将接受惩罚

2.10.1 基本案情

万福生科股份有限公司（以下简称“万福生科”）坐落于湖南省常德市，2003 年成立的湖南省桃源县湘鲁万福有限责任公司是其前身。2006 年 3 月，公司更名为湖南湘鲁万福农业开发有限公司。2009 年 10 月，经股东会审议通过，其整体变更设立万福生科（湖南）农业开发股份有限公司。2011 年证监会和深交所先后批准其上市。在造假事件被曝光之前，该公司是一家集粮食收储，大米和油脂加工，大米、淀粉、糖和蛋白粉系列产品生产销售及科研开发为一体的省级农业产业化龙头企业，省级高新技术企业，曾荣获“AAA 信用等级企业”。然而，2012 年 9 月，万福生科就被勒令停盘并被要求接受证监会的监察。在 2013 年 9 月，证监会就通告了有关万福生科造假一案，并对万福生科进行了处罚。

万福生科利用伪造销售合同，凭空捏造上、下游客户等方式，达到虚增销售收入的目的，虚假销售收入达到真实销售收入的一百倍以上；利用预付账款，虚增往来款，调整公司现金流，达到掩盖虚假交易的目的；利用非流动性资产的特点，虚增在建工程，以工程项目作为幌子，达到虚增利润的目的。通过这一系列的财务操作，万福生科达到公开发行股票的上市条件。

除了财务造假，万福生科对重要经营事项不按规定披露，对公司经营规划和经营政策变动进行隐瞒。由于技术欠缺，经济型稻米深加工项目停滞，生产线处于停产状态，而其他米类产品的生产也因此受到波及，都在不同程度上遭受了损失。在该项目技术改良停产期间，万福生科损失巨大，而这一信息却并未公之于众。相反，万福生科利用媒体和广告大肆进行虚假宣传，努力塑造销售业绩良好的形象。

这些操作表明，万福生科的内部控制是存在严重缺陷的。

2.10.2　案例分析

要想建立好内部控制，首先得真正理解内部控制。内部控制从原则到目标，从要素到作用，都体现了真实性的重要意义。要想实现企业的目标，完备的内部控制必不可少。万福生科的造假信息能够堂而皇之地体现在财务报表中，这与其失效的内部控制息息相关。

1. 内部控制机构形同虚设

万福生科机构设置完善，符合标准。然而，龚永福与杨荣华夫妇所持公司股份超过 50%，公司董事会被架空。公司虽然设立了审计委员会，但是内部审计人员配备严重不足，满足不了公司发展和管理控制的要求。可见，万福生科内部控制环境的乌烟瘴气，已经造成了公司内部控制的地基不稳。

2. 无视内部控制原则，无法做到相互制约

万福生科没有坚持全面性原则，将内部控制制度覆盖各业务和事项，缺少合同审查签订机制。销售合同签订不及时，为日后伪造销售合同埋下

了伏笔。万福生科没有坚持制衡性原则，在业务流程等方面没有形成相互制约、相互监督的格局。在存货管理方面没有做到职责分离，其中最为明显的是验收单和出入库单均由一人开具。在业务层面，万福生科引进企业资源计划系统后，业务部门不会操作，财务部门越俎代庖，这为日后万福生科通过与虚拟客户进行交易从而虚增销售收入，提供了“方便”。不坚持内部控制原则，必然导致管理层凌驾于内部控制之上。

3. 没有关注风险点，未及时进行风险评估

经济型稻米深加工项目给万福生科带来了巨大的损失。如果事先对这个项目进行科学的风险评估，那么这个项目的失败是可以避免的。稻米深加工项目属于高新技术产业，这就需要大量的高新技术人才，人才是项目成功的关键。虽然万福生科通过自我培养的方式，发展了一支人才队伍，但这并不能满足公司快速发展的要求。高端人才的引进迫在眉睫，而引进人才并非易事，这就给该项目停产埋下了巨大的隐患。

4. 监控机制严重失效

万福生科设立了监事会、审计委员会、独立董事和审计部等内部监督机构。从形式上来看，监督机构是完备的，是能够满足公司管理控制要求的。然而，其存在内部控制体系建设不完整、独立董事不独立等问题，拥有话语权的大股东是夫妻关系，其拥有绝对控制权，造成监控机制名存实亡。

2.11　规范详解

本章主要讲解了内部控制的定义、内部控制的要素、内部控制的原则和作用等内容，涉及《企业内部控制基本规范》第一条至第十条。下面对相关法规进行详细讲解。

> 第一条　为了加强和规范企业内部控制，提高企业经营管理水平和风险防范能力，促进企业可持续发展，维护社会主义市场经济秩序和社会公众利益，根据《中华人民共和国公司法》《中华人民共和国证券法》《中华人民共和国会计法》和其他有关法律法规，制定本规范。

第一条明确了《基本规范》的宗旨和制定依据。

《基本规范》的宗旨有三个。一是加强和规范企业内部控制的需要。企业会因各种业务的需要建立相应的管理制度，管理制度的主要内容包括管理思想、管理组织、管理人才、管理方法、管理手段等。虽然管理制度是企业的工具，但是仍需要根据内部控制规范要求，对原有制度加以完善。内部控制是企业内部建立的使内部各业务活动相互联系、相互制约的措施和方法，它能更好地规范企业的各种行为。从企业长远发展来看，加强和规范内部控制尤为重要。二是提高企业经营管理水平和风险防范能力，促进企业可持续发展。内部控制所要解决的核心问题是全面提升企业经营管理水平和风险防范能力，通过内部控制降低风险水平，促进企业的可持续发展，具有特别重要的现实意义和深远的历史意义。三是维护社会主义市场经济秩序和社会公众利益。企业是市场经济的一分子，企业价值的增长，直接关系到市场经济和宏观经济的发展。因此，从企业做起，维护市场经济秩序和社会公众利益至关重要。同时，广大企业只有不断完善内部控制，才能实现维护市场经济秩序和社会公众利益的目标。

《基本规范》的制定依据是《中华人民共和国公司法》《中华人民共和国证券法》《中华人民共和国会计法》和其他有关法律法规。企业内部控制规范体系与上述法律法规是协调一致的。从某种程度上讲，企业内部控制规范是贯彻落实上述法律法规，保证各类经济活动合法合规的具体制度和办法。

第二条　本规范适用于中华人民共和国境内设立的大中型企业。

小企业和其他单位可以参照本规范建立与实施内部控制。

大中型企业和小企业的划分标准根据国家有关规定执行。

第二条明确了《基本规范》的适用范围。

《基本规范》适用于中国境内，重点是为大中型企业提供建立与实施内部控制的依据，小企业和其他单位可以参照该规范建立与实施相应的内部控制。

第三条　本规范所称内部控制，是由企业董事会、监事会、经理层和全体员工实施的、旨在实现控制目标的过程。内部控制的目标是合理保证企业经营管理合法合规、资产安全、财务报告及相关信息真实完整，提高经营效率和效果，促进企业实现发展战略。

第三条明确了内部控制的定义和目标。

内部控制是由企业董事会、监事会、经理层和全体员工实施的，旨在实现控制目标的过程。首先，这一定义明确了内部控制的参与者，不仅包括处于企业领导者地位的董事会、监事会和经理层，而且还将全体员工涵盖其中。这就说明内部控制的制定和实施不是一己之力能够完成的，需要各级管理层和每个员工的积极参与、共同配合才能实施到位。另外，这一定义明确了内部控制是一个过程，而不是一个结果，它只有开始，没有结束。内部控制并不专属于某个时期，也不是一项任务，而是伴随企业终生。如果企业目标立足于长远发展，那么内部控制不仅是一个执行的过程，也是不断优化进步的过程。

内部控制共有五个目标：一是合理保证企业经营管理合法合规，二是资产安全，三是财务报告及相关信息真实完整，四是提高经营效率和效果，五是促进企业实现发展战略。

经营管理合法合规是指企业生产经营活动符合国家法律、规则和行业标准。企业制定的各项规章制度应建立在贯彻国家政策、法规的基础之上。经营管理的合法合规，不仅能够为企业防范法律风险，为企业可持续发展保驾护航，而且能够为维护市场经济秩序，促进经济社会的高质量发展添砖加瓦。

资产安全是指资产能够按照原持有目的进行正常的周转流通，且其价值不发生任何减损的状态。内部控制制度通过定期盘点、财产保险、记录保护等一系列手段与方法，能够对企业资产周转流通的诸多环节进行有效、科学、合理的监控，从而保障企业财产的完整性与安全性。在激烈的竞争时代，企业只有确保各项资产安全并发挥效能，才能防范资产风险，提升核心竞争力，实现企业发展目标。

财务报告及相关信息真实完整是企业进行一切管理经营决策的前提与基础。它不仅能够满足企业内部加强经营管理的需要，也能够满足投资者、债权人等了解企业财务状况和经营成果的需要，还能够满足国家宏观经济管理的需要。

提高经营效率和效果是企业在进行经济活动时的前提和基础，经营效率和效果的提升不仅能够帮助企业提高市场的竞争力，还能够为社会创造出更多的财富，从而促进社会的和谐与稳定。内部控制是为了保障企业提高经营效率和效果而存在的，它能够促进企业制度的健全与完善，保障企业日常经营活动的顺利进行。

促进企业实现发展战略是内部控制发展的最终目标。企业发展战略决定了企业的生存和未来的发展，决定了企业资源的配置，企业发展战略的必要性和意义不言而喻。企业只有将内部控制做到位，切实保证经营管理合法合规、资产安全、财务报告及相关信息真实完整、经营效率和效果稳步提升，才能促进企业实现发展战略。

第四条　企业建立与实施内部控制，应当遵循下列原则。

（一）全面性原则。内部控制应当贯穿决策、执行和监督全过程，覆盖企业及其所属单位的各种业务和事项。

（二）重要性原则。内部控制应当在全面控制的基础上，关注重要业务事项和高风险领域。

（三）制衡性原则。内部控制应当在治理结构、机构设置及权责分配、业务流程等方面形成相互制约、相互监督，同时兼顾运营效率。

（四）适应性原则。内部控制应当与企业经营规模、业务范围、竞争状况和风险水平等相适应，并随着情况的变化及时加以调整。

（五）成本效益原则。内部控制应当权衡实施成本与预期效益，以适当的成本实现有效控制。

第四条明确了建立与实施内部控制应遵循的原则。

企业建立与实施内部控制应当遵循五项原则，即全面性原则、重要性原则、制衡性原则、适应性原则和成本效益原则。

1. 全面性原则

内部控制是由企业董事会、监事会、经理层和全体员工实施的，旨在实现控制目标的过程。从内部控制定义可以看出，内部控制要遵循全面性的原则。这里的全面性不仅包括全员参与，而且包括全过程控制。实施内部控制要求参与者不漏一人，内部控制不留一处漏洞，对企业整个经营管理活动进行全面的控制。

2. 重要性原则

内部控制应建立在全面控制的基础上，但是也应有所侧重。重要业务事项和高风险领域，以及特别容易造成重大损失的关键控制点应给予特别的关注。企业应在关键控制点上采取更严格、更周密的控制措施，从而将风险降低到企业可承受范围之内，有效地减少企业高风险领域所带来的巨大损失。

3. 制衡性原则

顾名思义，制衡性就是两方或两方以上形成一种相互制约，但保持相对平衡的状态。内部控制中的制衡性原则要求一个企业在完成某项关键工作时，必须经过两个或两个以上的部门或人员，同时要保证内部审计机构人员较高的独立性。但是，制衡性原则的运用需要考虑到成本效益原则，根据控制点风险的轻重缓急，将不相容职务进行分离。在企业内部控制中，通常将治理结构的制衡、内部机构和人员设置及权责分配的制衡、业务流程的制衡等作为手段，使企业形成相互牵制、相互监督的局面。

4. 适应性原则

内部控制的适应性有两层含义：一是企业内部控制要与企业经营规模、业务范围、竞争状况和风险水平等相适应；二是内部控制是动态变化的，企业要根据实际情况的变化及时合理地对内部控制进行调整。内部控制应该保持前瞻性的特点，应随着国家法律法规、政策等外部环境的改变及时完善，并随着企业业务职能、企业经营战略等内部环境的变化及时调整，这样才能提升企业管理水平，使内部控制真正发挥作用。

5. 成本效益原则

成本效益原则是指在作出一项决策时要以效益大于成本为原则，即某一项目的预期效益要大于其所需成本时，才可行；否则，应放弃。企业的内部控制秉持全面性原则，并不代表内部控制的关键点和控制环节设置得越复杂越好。内部控制的环节需要投入成本，控制措施越复杂，内部控制成本越高。企业应在保证内部控制有效的前提下，尽量减少不必要的程序，避免重复劳动，以适当的成本实现有效控制。

> 第五条　企业建立与实施有效的内部控制，应当包括下列要素。
>
> （一）内部环境。内部环境是企业实施内部控制的基础，一般包括

> 治理结构、机构设置及权责分配、内部审计、人力资源政策、企业文化等。
>
> （二）风险评估。风险评估是企业及时识别、系统分析经营活动中与实现内部控制目标相关的风险，合理确定风险应对策略。
>
> （三）控制活动。控制活动是企业根据风险评估结果，采用相应的控制措施，将风险控制在可承受度之内。
>
> （四）信息与沟通。信息与沟通是企业及时、准确地收集、传递与内部控制相关的信息，确保信息在企业内部、企业与外部之间进行有效沟通。
>
> （五）内部监督。内部监督是企业对内部控制建立与实施情况进行监督检查，评价内部控制的有效性，发现内部控制缺陷，应当及时加以改进。

第五条明确了建立与实施内部控制的要素。

企业建立与实施内部控制包括五要素，即内部环境、风险评估、控制活动、信息与沟通和内部监督。

1. 内部环境

内部环境是企业实施内部控制的基础，约束着其他控制要素的构建并为其提供基本结构。内部环境影响着主体人员的控制意识和风险意识，构建了企业控制文化和风险文化，对奠定组织风格和组织结构起着关键作用。

2. 风险评估

风险评估强调三个要求：一是及时识别风险，要求企业不仅能够识别出风险，而且要求时效性，及时发现症结所在；二是要求企业将经营活动中与实现内部控制目标相关的风险做系统分析，不能独立地只看一个方面；三是要求企业合理确定风险应对策略，综合考虑各种因素，不能盲目地制定策略。

3. 控制活动

企业采取何种控制活动，依据的是风险评估结果。企业应综合运用控制措施，对各项业务实施有效控制。控制结果是将风险控制在可承受度之内。常见的控制措施有不相容职务分离控制、授权审批控制、会计系统控制、财产保护控制、预算控制、运营分析控制和绩效考评控制等。

4. 信息与沟通

信息与沟通主要强调了两点：一是强调内部控制的相关信息本身所应具备的条件是及时、准确；二是信息的使用是动态的过程，不是简单地收集就可以，而是需要将有用的信息及时传递给需要的部门，确保信息在企业内部、企业与外部之间进行有效传递。

5. 内部监督

内部监督强调三点：一是监督检查的内容是企业内部控制的建立与实施情况；二是评价的侧重点是内部控制的有效性；三是监督的目标是发现内部控制缺陷，及时加以改进。

第六条　企业应当根据有关法律法规、本规范及其配套办法，制定本企业的内部控制制度并组织实施。

第六条明确了企业建立内部控制的依据。

企业是独立的个体，由于所处的行业和自身的条件不同，企业管理层所关注的高风险领域和关键控制点也会有所不同，这就导致国家颁布的内部控制相关制度、规则无法满足所有企业的所有需求。因此，企业应制定专属于本企业的内部控制制度。企业建立内部控制的依据则是有关法律法规、《企业内部控制基本规范》及其配套办法。建立好内部控制制度并不是终点，企业还需要组织实施，真正让适应于本企业发展的内部控制落地执行，从而促进企业的良好发展。

> 第七条　企业应当运用信息技术加强内部控制，建立与经营管理相适应的信息系统，促进内部控制流程与信息系统的有机结合，实现对业务和事项的自动控制，减少或消除人为操纵因素。

第七条明确了信息技术如何运用到内部控制中。

企业将信息技术应用到内部控制中，建立与经营管理相适应的信息系统，使内部控制流程与信息系统达到有机结合，从而实现对业务和事项的自动控制。在信息技术环境下，传统的人工控制被自动控制所取代，大流量交易及数据得到有效处理，提高了信息的及时性、准确性，同时减少或消除了人为操纵因素。

> 第八条　企业应当建立内部控制实施的激励约束机制，将各责任单位和全体员工实施内部控制的情况纳入绩效考评体系，促进内部控制的有效实施。

第八条强调内部控制应实施激励约束机制。

激励约束机制是根据组织目标和人的行为规律，通过各种方式去激发人的动力，使人产生一股内在的动力和要求，迸发出积极性、主动性和创造性，同时规范人的行为，使其朝着激励主体所期望的目标前进的过程。激励约束机制以目标责任制为基础，以绩效考核为手段，以兑现奖惩为核心。企业应当建立内部控制实施的激励约束机制，将各责任单位和全体员工实施内部控制的情况纳入绩效考评体系，将内部控制实施情况与每位员工的利益相挂钩，这种机制将使内部控制真正做到全员参与，内部控制深入人心，从而促进内部控制的有效实施。

第九条　国务院有关部门可以根据法律法规、本规范及其配套办法，明确贯彻实施本规范的具体要求，对企业建立与实施内部控制的情况进行监督检查。

第九条明确了内部控制将作为监督检查的内容。

企业内部控制执行的依据是法律法规、《企业内部控制基本规范》及其配套办法，国务院有关部门有权力要求企业贯彻实施《企业内部控制基本规范》的具体要求，同时有权力对企业建立与实施内部控制的情况进行监督检查。

第十条　接受企业委托从事内部控制审计的会计师事务所，应当根据本规范及其配套办法和相关执业准则，对企业内部控制的有效性进行审计，出具审计报告。会计师事务所及其签字的从业人员应当对发表的内部控制审计意见负责。

为企业内部控制提供咨询的会计师事务所，不得同时为同一企业提供内部控制审计服务。

第十条明确了企业委托会计师事务所对内部控制进行审计的注意事项。

接受企业委托从事内部控制审计的会计师事务所应当注意两点。第一，审计有依据。会计师事务所对企业内部控制的有效性进行审计，审计依据是《基本规范》及其配套办法和相关执业准则。同时，该条款还明确了内部控制审计报告中发表审计意见的责任方包括两个，一个是会计师事务所，另一个是签字的从业人员，二者对报告的审计意见均负有责任。第二，审计业务与咨询业务不相容。同一家会计师事务所不能既为企业内部控制提供咨询，又为该企业提供内部控制审计服务。

第3章

内部环境：企业强壮的“骨骼”

导读

“近朱者赤，近墨者黑”一语源自傅玄的《太子少傅箴》，原文中说：“故近朱者赤，近墨者黑；声和则响清，形正则影直。”意思是说，靠近朱砂容易变红，靠近墨容易变黑，比喻接近好人可以使人学好，可以见贤思齐，而接近坏人则很容易使人变坏。生活的环境如同一个大染缸，会将形形色色的人同化。一个人处在修心重德、充满正气的环境中，会受到身边人们的言行教化，自觉地约束自己，不断地长进；相反，一个人处在道德沦丧、弄虚作假的环境中，可能会受到身边消极观念的影响，正邪不分、随波逐流。由此可见生活环境的重要性。

企业的内部环境对于企业的生存和发展也很重要。内部环境一般包括治理结构、机构设置及权责分配、内部审计、人力资源政策、企业文化等。内部环境是内部控制存在和发展的空间，是内部控制赖以生存的“土壤”，是企业强壮的“骨骼”，内部环境的好坏直接决定了其他内部控制要素能否发挥作用。

3.1　组织架构：内部环境的根基

组织架构，是指企业按照国家有关法律法规、股东（大）会决议和企业章程，结合本企业实际，明确股东（大）会、董事会、监事会、经理层和企业内部各层级机构设置、职责权限、人员编制、工作程序和相关要求的制度安排。

3.1.1　组织架构的设计

组织架构设计的根本目标是建立规范的企业治理结构和议事规则，明确决策、执行、监督等方面的职责权限，形成科学有效的职责分工和制衡机制。这种制衡机制体现在股东（大）会、董事会、监事会和经理层四个层次中。这四个层次各司其职。股东（大）会享有法律法规和企业章程规定的合法权利，依法行使制定企业经营方针、筹资、投资、分配利润等重大事项的表决权。董事会和监事会均对股东（大）会负责。不同的是，董事会依法行使企业的经营决策权，而监事会监督企业董事、经理和其他高级管理人员依法履行职责。监事会与董事会是监督与被监督的关系。在治理结构中，经理层是基层，负责组织实施股东（大）会、董事会决议事项，主持企业的生产经营管理工作。

3.1.2 组织架构的运行

企业应当根据组织架构的设计规范，对现有治理结构和内部机构设置进行全面梳理，确保本企业治理结构、内部机构设置和运行机制等符合现代企业制度要求。

企业梳理治理结构应当重点关注董事、监事、经理及其他高级管理人员的任职资格和履职情况，以及董事会、监事会和经理层的运行效果。治理结构存在问题的，企业应当采取有效措施加以改进。

企业梳理内部机构设置，应当重点关注内部机构设置的合理性和运行的高效性等。内部机构设置和运行中存在职能交叉、缺失或运行效率低下等问题的，企业应当及时解决。

3.1.3 组织架构设计与运行中的风险

治理结构形同虚设，缺乏科学决策、良性运行机制和执行力，可能导致企业经营失败，难以实现发展战略。内部机构设计不科学、权责分配不合理，可能导致机构重叠、职能交叉或缺失、运行效率低下。

由于各企业生产技术不同，内外部条件存在差异，企业组织架构设计不可能是一套固定的模板。但是，无论组织架构如何设计，总体要求依然是从企业的实际出发，选择符合自身需求的组织架构，保证企业经营活动稳定、高效地进行。

3.2　发展战略：内部环境的指南针

发展战略，是指企业在对现实状况和未来趋势进行综合分析和科学预测的基础上，制定并实施的长远发展目标与战略规划。

3.2.1　发展战略的制定

第一步，制定发展目标。凡事预则立，不预则废。发展目标的制定离不开充分调查研究、科学分析预测和广泛征求意见，也离不开综合考量各类影响因素，包括宏观经济政策、国内外市场需求变化、技术发展趋势、行业及竞争对手状况、可利用资源情况和自身优势与劣势等。

第二步，制定战略规划。战略规划的制定基础来源于发展目标。战略规划应当明确发展的阶段和程度，确定每个发展阶段的具体目标、工作任务和实施路径。

第三步，形成发展战略方案。董事会下设立战略委员会，战略委员会应当组织有关部门对发展目标和战略规划进行可行性研究和科学论证，形成发展战略方案；必要时，战略委员会可借助中介机构和外部专家的力量为其履行职责提供专业咨询意见。董事会应当严格审议战略委员会提交的发展战略方案，重点关注其全局性、长期性和可行性。董事会在审议方案中如果发现重大问题，应当责成战略委员会对方案做出调整。企业的发展战略方案经董事会审议通过后，报经股东（大）会批准实施。

3.2.2 发展战略的实施

1. 年度工作计划确保发展战略有效实施

发展战略毕竟是长远的发展目标，而长远目标的落地，离不开年度工作计划。依据发展战略制订年度工作计划，编制全面预算，将年度目标分解、落实，有助于企业实现长远的发展目标。

2. 宣传工作确保发展战略得到重视

企业应通过内部各层级会议和教育培训等有效方式，将发展战略及其分解落实情况传递到内部各管理层级和全体员工，使每个人都成为战略的实施者，都能为企业长远目标的实现添砖加瓦。

3. 监控工作确保发展战略正确实施

战略委员会应当加强对发展战略实施情况的监控，定期收集和分析相关信息，对于明显偏离发展战略的情况，应当及时报告；对于经济形势、产业政策、技术进步、行业状况及不可抗力等因素发生重大变化的情况，应当对发展战略做出及时调整，使发展战略能够真正促进企业增强核心竞争力和可持续发展能力。

3.2.3 企业制定与实施发展战略中的风险

缺乏明确的发展战略或发展战略实施不到位，可能导致企业盲目发展，难以形成竞争优势，丧失发展机遇和动力。发展战略过于激进，脱离企业实际能力或偏离主业，可能导致企业过度扩张，甚至经营失败。发展战略因主观原因频繁变动，可能导致资源浪费，甚至危及企业的生存和持续发展。

发展战略对企业具有重大指导意义，只有实战性强、实践效果好的发展战略才能真正帮助企业系统解决企业发展问题。

3.3　人力资源：内部环境发展壮大的核心因素

人力资源，是指企业组织生产经营活动而录（任）用的各种人员，包括董事、监事、高级管理人员和全体员工。

3.3.1　人力资源的引进与开发

1. 人才引进应有条不紊

企业应当根据人力资源总体规划，结合生产经营实际需要，制订年度人力资源需求计划，完善人力资源引进制度，规范工作流程，并按照计划、制度和程序组织人力资源引进工作。企业应当根据人力资源能力框架要求，明确各岗位的职责权限、任职条件和工作要求，遵循德才兼备、以德为先和公开、公平、公正的原则，通过公开招聘、竞争上岗等多种方式选聘优秀人才，重点关注选聘对象的价值取向和责任意识。企业选拔高级管理人员和聘用中层及以下员工，应当切实做到因事设岗、以岗选人，避免因人设事或设岗，确保选聘人员能够胜任岗位。企业选聘人员应当实行岗位回避制度。

2. 劳动合同不可缺少

企业确定选聘人员后，应当依法签订劳动合同，建立劳动用工关系。

企业对在产品技术、市场、管理等方面掌握或涉及关键技术、知识产权、商业秘密或国家机密的工作岗位，应当与该岗位员工签订保密协议，明确保密义务。

3. 重视人力资源开发工作

企业应当建立岗前培训制度和在岗员工培训长效机制。人才的引进不能简单地用一场笔试、一场面试来“一考定乾坤”。一个新任用人员能否适应工作要求，还需要进行严格考察。岗前培训制度能促进选聘员工全面了解岗位职责，掌握岗位基本技能。试用期满考核合格者，方可正式上岗；试用期满考核不合格者，企业应当及时与其解除劳动用工关系。同时，企业是发展的，科技是进步的，老员工有丰富的经验，可是这些经验不一定能解决工作中面临的新问题。企业应建立在岗员工培训长效机制，营造尊重知识、尊重人才和关心员工职业发展的文化氛围，加强后备人才队伍建设，从而促进全体员工的知识、技能持续更新，不断提升员工的服务效能。

3.3.2 人力资源的使用与退出

企业应完善人力资源的激励约束机制，确保员工队伍处于持续优化状态。设置科学的业绩考核指标体系，对各级管理人员和全体员工进行严格考核与评价，以此作为确定员工薪酬、职级调整和解除劳动合同等的重要依据，使每名员工都能感受到“劳有所得，不劳不得”，奖罚并举，能最大限度地激发员工的工作热情。薪酬制度与业绩考核挂钩，体现出效率优先，兼顾公平的原则。企业应当制定定期轮岗制度，明确轮岗范围、轮岗周期、轮岗方式等，形成相关岗位员工的有序持续流动，全面提升员工素质。

有进必有退，企业应健全员工退出（辞职、解除劳动合同、退休等）机制，增强每名员工的危机感。企业对不能胜任岗位的员工，应当及时暂停其工作，安排再培训，或调整工作岗位并安排转岗培训；培训后仍不能满足岗位职责要求的，企业应当与其解除劳动合同。

3.3.3 人力资源管理风险

人力资源缺乏或过剩、结构不合理、开发机制不健全，可能导致企业发展战略难以实现。人力资源激励约束制度不合理、关键岗位人员管理制度不完善，可能导致人才流失、经营效率低下或关键技术、商业秘密和国家机密泄露。人力资源退出机制不当，可能导致法律诉讼或企业声誉受损。

人力资源管理重要性的凸显是市场竞争加剧的结果。随着社会主义市场经济的快速发展，人力资源管理在企业管理中的作用也日益重要。一个企业能否健康发展，在很大程度上取决于员工素质的高低，取决于人力资源管理在企业管理中受重视程度的深浅。人力资源成为企业发展壮大的核心因素，也是企业在市场竞争中立于不败之地的至关重要的因素。

3.4 社会责任：企业内外部环境健康发展的助推器

社会责任，是指企业在经营发展过程中应当履行的社会职责和义务，主要包括安全生产、产品质量（含服务，下同）、环境保护、资源节约、促进就业、员工权益保护等。

3.4.1 安全生产

安全生产绝对不是空喊口号，也不是贴一条写着“安全生产，人人有责”的横幅就标志着安全生产。安全生产体现在管理体系、操作规范和应急预案中，体现在安全生产责任追究制度中，体现在设立安全管理部门和安全监督机构中。只有开展这些安全生产的日常管理和监督工作，才能将安全生产做到位，将不安全的苗头及时消除。

安全生产涉及投入，涉及人力、物力、资金、技术等方面必要的保障，也涉及检查监督机制的健全。安全生产的原则以预防为主，需要“人物两手抓，两手都要硬”。“抓人”要做到不断强化员工安全意识，持续进行岗位培训；“抓物”要求重视生产设备的经常性维护管理，及时排除安全隐患。发生事故，不能大事化小，小事化了，要高度重视，做到妥善处理，排除故障，减轻损失，追究责任。企业发生重大生产安全事故应当启动应急预案，及时报告，绝不能迟报、谎报和瞒报。

3.4.2 产品质量

1. 提供优质、安全、健康的产品和服务

国家严把质量关，对各行各业产品质量的要求都有明确的标准。产品质量低劣，侵害消费者权益，可能导致企业承担巨额赔偿、形象受损，甚至破产。企业绝对不能为了短期利益，以次充好，砸了自己的招牌。在生产经营活动中，企业应当切实提高产品质量和服务水平，努力为社会提供优质、安全、健康的产品和服务，最大限度地满足消费者的需求，敢于对社会和公众负责，敢于接受社会监督，敢于承担社会责任。

2. 质量问题存在于每一个环节

在生产环节，企业应当规范生产流程，建立严格的产品质量控制和检验制度，严把质量关，禁止缺乏质量保障、危害人民生命健康的产品流向社会。在售后环节，发现存在严重质量缺陷、隐患的产品，应当及时召回或采取其他有效措施，最大限度地降低或消除缺陷、隐患产品的社会危害。在处理消费者提出的投诉和建议时，企业应切实保护消费者权益。

3.4.3　环境保护与资源节约

1. 制度、宣传双管齐下，提高员工的环境保护和资源节约意识

环境和部分资源具有不可再生性，保护环境、节约资源人人有责。企业应当按照国家有关环境保护与资源节约的规定，结合本企业实际情况，建立环境保护与资源节约制度，认真落实节能减排责任，积极开发和使用节能产品，发展循环经济，减少污染物排放，提高资源综合利用效率。同时，宣传教育不可缺少，企业只有通过不断地宣传教育，才能不断提高员工的环境保护和资源节约意识。

2. 生态保护不能流于形式

环境保护投入不足，资源耗费大，造成环境污染或资源枯竭，可能导致企业面临巨额赔偿、缺乏发展后劲，甚至停业。企业应加大对环保工作的人力、物力、财力的投入和技术支持，不断改进工艺流程，降低能耗和污染物排放水平，实现清洁生产。企业应以制度为抓手，加强对废气、废水、废渣的综合治理，做好废料回收和循环利用，从而变废为宝，为企业

带来双赢的效果。

3. 重视资源节约和资源保护

由于部分资源的不可再生性，企业在开发利用时应慎之又慎，绝不能对不可再生资源进行掠夺性或毁灭性开发，而应将开发重点放在可再生资源上。国家针对产业结构发布了相关政策，企业只有按照产业结构调整的发展要求，加速高新技术开发和传统产业改造，切实转变发展方式，才能真正实现低投入、低消耗、低排放和高效率。

4. 环境保护和资源节约的监控

有健全的环境保护和资源节约的监控制度做后盾，定期开展监督检查，企业才能发现问题并及时采取措施予以解决。发生紧急、重大环境污染事件时，企业应当启动应急机制，及时报告和处理。

3.4.4 促进就业与员工权益保护

1. 促进充分就业，切实履行社会责任

促进就业和员工权益保护不够，可能导致员工积极性受挫，影响企业发展和社会稳定。企业在贯彻人力资源政策时，应使员工依法享有劳动权利和履行劳动义务，同时，工作岗位应保持相对稳定，避免在正常经营情况下批量辞退员工，增加社会负担。

2. 保护员工权益，维护社会公平

劳动合同是建立劳动关系的基本形式。它对保障劳动者的合法权益、合理使用劳动力、增强企业活力、发挥劳动者的积极性和创造性、提高劳动生产率、促进社会主义现代化建设，都有重要的作用。因此，企业应当与员工签订并履行劳动合同，遵循按劳分配、同工同酬的原则，建立科学的员工薪酬制度和激励机制，切实保持合理的薪酬水平。另外，企业应当保障员工依法享受社会保险待遇，做好健康管理工作，预防、控制和消除职业危害，给予员工法定的劳动时间和休息休假。

3. 尊重员工人格，创造平等发展机会

员工代表大会和工会对企业的重大决策具有审议的权利，也有对领导工作监督的权利，它时刻维护员工的合法权益。因此，企业只有加强员工代表大会和工会组织建设，才能将维护员工合法权益落到实处。同时，企业应积极开展员工职业教育培训，按照“产、学、研、用”相结合的社会需求，积极创建实习基地，大力支持社会有关方面培养、锻炼社会需要的应用型人才。此外，企业还应关心、帮助员工，保障员工身心健康。

企业应当重视履行社会责任，切实做到经济效益与社会效益、短期利益与长远利益、自身发展与社会发展相互协调，从而实现企业与员工、企业与社会、企业与环境的健康和谐发展。

3.5　企业文化：内部环境的灵魂

企业文化，是指企业在生产经营实践中逐步形成的、为整体团队所认同并遵守的价值观、经营理念和企业精神，以及在此基础上形成的行为规范的总称。

3.5.1　企业文化的建设

1. 采取切实有效的措施

企业应积极培育具有自身特色的企业文化，引导和规范员工行为，打造以主业为核心的企业品牌，形成整体团队的向心力，促进企业长远发展。企业应培育体现企业特色的发展愿景、积极向上的价值观、诚实守信的经营理念、履行社会责任和开拓创新的企业精神，以及团队协作和风险防范意识。同时，企业应当重视并购重组后的企业文化建设，平等对待被并购方的员工，促进并购双方的文化融合。

2. 形成企业文化规范

企业应当根据其自身的发展战略和实际情况，总结优良传统，挖掘文化底蕴，提炼核心价值，确定文化建设的目标和内容，形成企业文化规范，使其构成员工行为守则的重要组成部分。在企业文化建设中，高级管理人员应当是发挥主导和垂范作用的领头羊，以自身的优秀品格和脚踏实地的工作作风，带动影响整个团队，共同营造积极向上的企业文化环境。企业内部各层级应做到有效沟通，加强企业文化的宣传贯彻，确保全体员工共同遵守企业文化规范。

3. 企业文化建设与生产经营水乳交融

文化建设的使命是与发展战略有机结合，加强对员工的文化教育和熏陶，全面提升员工的文化修养和内在素质，增强员工的责任感和使命感，规范员工行为方式，使员工自身价值在企业发展中得到充分体现。

3.5.2　企业文化的评估

1. 企业文化评估制度的建立意义重大

评估制度应明确评估的内容、程序和方法，落实评估责任制，避免企业文化建设流于形式。

2. 企业文化评估要有的放矢

文化评估涉及方方面面，但企业应当重点关注高级管理人员在企业文化建设中的责任履行情况、全体员工对企业核心价值观的认同感、企业经营管理行为与企业文化的一致性、企业品牌的社会影响力、参与企业并购重组各方文化的融合度，以及员工对企业未来发展的信心等方面。

3. 企业文化的评估结果要充分利用

企业应当巩固和发扬文化建设成果，针对评估过程中发现的问题，研究影响企业文化建设的不利因素，分析深层次的原因，及时采取措施加以解决。

3.5.3　企业文化建设风险

缺乏积极向上的企业文化，可能导致员工丧失对企业的信心和认同感，使企业缺乏凝聚力和竞争力。缺乏开拓创新、团队协作和风险意识，可能导致企业发展目标难以实现，影响可持续发展。缺乏诚实守信的经营理念，可能导致舞弊事件的发生，给企业造成损失并影响企业信誉。忽视企业间的文化差异和理念冲突，可能导致并购重组失败。

企业文化是企业的灵魂，是推动企业发展的不竭动力。优秀的企业文化能够营造良好的企业环境，提高员工的文化素养和道德水准；能让员工内部自然地形成凝聚力、向心力和约束力，形成企业发展不可或缺的精神力量；能使企业资源得到合理的配置，从而提升企业的竞争力。

3.6 案例：企业的长治久安，守法是根本

3.6.1 基本案情

21 世纪初期，A 股市场处于牛市上涨期，市场投资热情较为高涨，个别公司出现了为刺激股价编写故事的情况。其中，给我们留下深刻印象的便是惊人的“非洲大订单神话”，主人公是上市公司浙江杭萧钢构股份有限公司（以下简称杭萧钢构）。该神话刚刚拉开序幕，就使其股价发生了剧烈波动。尽管市场监管机构采取了停牌、调查、行政处罚等方式，仍然没能阻止其股价的一路飙升，每股价格从 4 元多涨至 31 元多。但神话毕竟不是现实，终有落幕之时。这场闹剧带来的是投资者的忽悲忽喜和证券界的感慨万千。

杭萧钢构于 1985 年创立，2003 年 11 月在上海证券交易所挂牌上市，曾被列入建设部首批建筑钢结构定点企业和全国民营企业 500 强。杭萧钢构拥有十余家全资或控股子公司，包括浙江汉德邦建材有限公司、杭萧钢构（安徽）有限公司、杭萧钢构（山东）有限公司、杭萧钢构（江西）有限公司、杭萧钢构（河南）有限公司、杭萧钢构（河北）建设有限公司、杭萧钢构（广东）有限公司、杭萧钢构（内蒙古）有限公司、万郡房地产有限公司、浙江汉林建筑设计有限公司、万郡绿建科技股份有限公司等，形成

了“设计研发 + 生产制造 + 项目总包 + 绿色建材 + 电商平台”五位一体的绿色建筑集成新模式。

然而，2007 年 2 月的一场公司内部总结表彰大会，却给杭萧钢构带来了不小的麻烦。2007 年 2 月 12 日，在公司内部的总结表彰大会上，董事长单银木透露公司在非洲国家安哥拉取得巨额工程项目。公司内部人员及密切关联人员先于市场得到这一信息，自 2 月 12 日起，公司股价连续涨停。直到 2 月 15 日，公司才对外公布取得海外天价合同的消息。从 2 月 12 日到 3 月 16 日，公司股价出现了 10 次涨停，从 4.14 元升至 10.75 元，涨幅高达约 160%。股价的异常表现，引起证券界的极大关注。3 月 19 日至 30 日，该公司股票停牌，证监会展开调查，调查无果，证监会允许杭萧钢构于 4 月 2 日复牌，公司发布了澄清公告，4 月 3 日，股价再次涨停。4 月 4 日，因涉嫌违规，证监会决定对杭萧钢构立案调查，公司再次发出紧急停牌公告。

2007 年 5 月 14 日，证监会正式公布了对杭萧钢构的行政处罚决定书，认定杭萧钢构存在未按规定披露信息、披露的信息有误导性陈述两项违法违规行为，对杭萧钢构及单银木等有关人员给予警告并处罚款。该案中有关人员涉嫌犯罪的线索已被移交司法机关追究刑事责任。5 月 25 日，杭萧钢构股价最高涨至 31.57 元，之后震荡加剧，至 2008 年 8 月 28 日，股价跌至最低 4.54 元。

2008 年 2 月 3 日，丽水市中院对此案进行宣判，罗高峰犯泄露内幕信息罪，被判处有期徒刑一年六个月；陈玉兴、王向东犯内幕交易罪，分别被判处有期徒刑两年六个月和有期徒刑一年六个月，缓刑两年，并各处罚金人民币 4 037 万元；陈玉兴、王向东的违法所得人民币 4 037 万元予以追缴，由丽水市人民检察院上缴国库。同时，浙江证监局暂停长江证券杭州建国中路营业部代理开户业务三个月，责令该营业部在三个月内将违规账户清理完毕，并责令长江证券立即更换该营业部负责人桂国平。

3.6.2 案例分析

杭萧钢构的行为违背了证券市场的原则。杭萧钢构“非洲大订单神话”存在明显的内幕交易，公司内部人员通过内幕消息炒作股价，使少数人获利，违反了证券市场所秉承的“公开、公平、公正”的原则。

此外，杭萧钢构的行为违反了法律的相关规定。信息披露方面存在的问题不能小觑，根据《中华人民共和国证券法》（以下简称《证券法》）第八十条的规定，发生可能对上市公司、股票在国务院批准的其他全国性证券交易场所交易的公司的股票交易价格产生较大影响的重大事件，投资者尚未得知时，公司应当立即将有关该重大事件的情况向国务院证券监督管理机构和证券交易场所报送临时报告，并予公告，说明事件的起因、目前的状态和可能产生的法律后果。同时，《证券法》还明确规定，公司订立重要合同、提供重大担保或者从事关联交易，可能对公司的资产、负债、权益和经营成果产生重要影响的应被视为重大事件。从已有证据看，安哥拉项目合同的总金额折合人民币 313.4 亿元，而杭萧钢构 2005 年度经审计的公司主营业务收入只有 15.16 亿元，该项目足以对杭萧钢构的经营成果产生重要影响，因此，这一事件应当及时予以披露。然而，杭萧钢构却在公司内部总结表彰大会上透露安哥拉项目，几日后才对外公布，并没有按照法律规定及时披露信息，其行为侵犯了投资公众的平等知情权和财产权益。

在证券市场持续迅猛发展的新形势下，加强证券监管与执法，对维护市场健康稳定发展、维护广大投资者的合法权益尤为重要。

信息披露主要是指公众公司以招股说明书、上市公告书以及定期报告和临时报告等形式，把公司及与公司相关的信息向投资者和社会公众公开披露的行为。真实、全面、及时、充分地进行信息披露至关重要，它是证券市场“公开、公平、公正”原则的具体表现。

长期以来，信息披露一直是投资者和社会公众关注的重点，因为它是投资决策的主要依据，是公司与投资者和社会公众全面沟通信息的桥梁。杭萧钢构在安哥拉住宅建设项目上对外信息披露违反了证券法规，信息披露不及时、不准确、不完整，证监会必然用法律的准绳对其进行处罚。企业要想长治久安，守法是根本。

3.7　案例：内部环境的乌烟瘴气，百年企业也在劫难逃

3.7.1　基本案情

哈尔滨秋林集团股份有限公司（以下简称秋林集团）是一个历史悠久、驰名中外的老字号企业，创建于 1900 年。为适应市场经济需求，秋林集团先后进行了 4 次扩建改造，已发展为一个以商业为主的集团化、现代化大型商业零售企业。1996 年，有着近百年历史的秋林集团正式在上交所主板上市。2004 年，哈尔滨市国资委将持有的国家股（占公司股份总数的 24.6%）转给黑龙江奔马集团。2011 年，颐和黄金正式入主秋林集团。2019 年 2 月 12 日，秋林集团接到公安局出具的协助冻结财产通知书，冻结股东嘉颐实

业、颐和黄金、奔马投资所持有的公司股权。自 2020 年 3 月 18 日起，秋林集团股票 *ST 秋林被暂停上市。2021 年 3 月 11 日，*ST 秋林（1.190，0.00，0.00%）（维权）公告，公司股票被上交所终止上市，公司股票于 2021 年 3 月 19 日进入退市整理期交易。从 1996 年的上市，到 2021 年的退市，一个百年企业到底经历了什么，才使其一步步走向没落？

3.7.2 案例分析

1. 治理结构失衡

公司治理结构的基础是股权结构。秋林集团的股权结构整体虽然稳定，但“一致行动人”的现象在集团中表现得尤为明显。秋林集团的股东奔马投资、嘉颐实业、颐和黄金为一致行动人关系，三者持有的股份已接近秋林集团股份的半数。实际控股股东对秋林集团拥有绝对的控制权，权力集中、一股独大的局面悄然生成。股权制衡程度大大降低，会对公司的内部控制造成负面影响，这从秋林集团的高管频繁变动中也能感受一二。公司组织架构不稳定，进一步影响了内部控制环境的稳定。

2. 企业文化缺失

企业文化是企业的灵魂，是推动企业发展前进的动力，是企业所遵守的价值观、经营理念和企业精神。企业文化是一种沉淀，需要日积月累地搭建。纵观秋林集团的百年历史，其也曾将“实战、高效、品质、公信”作为核心文化，也曾创造出了“百年秋林，诚信永远”的优秀企业文化。但近几年来，管理层不重视企业文化的建设、参与程度不高，造成秋林集团违法、违规事件层见叠出，声誉严重受损。同时，员工素质低下，接受过高等教育的人员占比不到 20%，专业技术人员不足 5%。员工整体受教育水平偏低，专业技术人才缺乏，这大大限制了秋林集团的发展。

3. 没有建立规范的议事规则，管控机制失效

秋林集团对子公司的管理存在纰漏。2015 年之前，集团对子公司的管理制度存在空白，管控体系缺失。直到子公司秋林金汇失控，秋林集团才引起重视并着手搭建子公司的管理制度。秋林金汇是秋林集团的全资子公司，在其存续期间，曾购买 P2P 金融产品，开展第三方资金托管等业务，这些重大经济业务是需要审慎交易的，而秋林金汇既没有经过集团审批，也没有向集团报备，全权自行处理。秋林集团对于子公司的业务自始至终处于一无所知的状态。管控体系缺失，集团必然会出现管理危机。

4. 高管越权经营

秋林集团黄金事业部于 2018 年成立，负责公司的黄金事务管理。然而，公司的董事长和副董事长在未经董事会授权的情况下，插手了黄金事业部的运营。高管越权经营，内部控制制度形同虚设，制衡机制全面失效，子公司大量销售合同逾期，大量黄金凭空消失，子公司面临巨额亏损，集团层面却依然毫无察觉。“黄金大劫案”爆发，越权参与的董事长、副董事长竟然双双失联，集团如梦初醒，此时的秋林危机也已正式拉开序幕。

5. 财产保护控制失效

秋林集团的会计活动中，针对货币资金和存货这种流动性强的资产，控制措施不到位。按照会计要求，公司应建立定期盘点制度，定期对财产进行清查盘点，重点是账物核实，实现财产管理制度化、规范化。而秋林

集团忽视了定期盘点的重要意义，这也是导致黄金不翼而飞的重要原因。

6. 信息失真

2019 年 4 月，上交所对秋林集团出具的公开谴责函中，就曾细数其定期报告主要财务数据存在差错、募集资金管理和使用不合规、财务报告内部控制存在缺陷等问题。秋林集团不按规定披露信息，对重大事项、关联方交易一律隐瞒，虚构交易，财务造假，这一系列操作都是证监会所禁止的，因此，公司股票被上交所实施退市风险警示。

7. 监督机制形同虚设

内部控制的动态更新和不断完善，是通过内部监督来完成的；内部控制效率的提高，是通过内部监督来实现的。秋林集团只做了表面功夫，没有深入解决公司内部的监督问题。秋林集团公司内部设有专门负责内部审计的稽核部，但也仅仅是形式上的部门，秋林集团的内部审计名存实亡。

百年大厦倒于一旦，秋林集团的退市让更多的上市公司认识到资本市场的残酷性，尤其是在退市新规执行以来，经营存在缺陷的上市公司退市的节奏不断加快。随着我国退市制度的不断完善，我国的上市公司应认识到内部控制的重要意义，并在运营的过程中建立起完善的内部控制体系，加强内部监管，提高内部控制的有效性，为公司的良性发展提供前提条件。

3.8 规范详解

本章内容主要讲解了内部环境，涉及《企业内部控制基本规范》的第十一条至第十九条。下面对相关法规进行详细讲解。

第十一条 企业应当根据国家有关法律法规和企业章程，建立规范的公司治理结构和议事规则，明确决策、执行、监督等方面的职责权限，形成科学有效的职责分工和制衡机制。

股东（大）会享有法律法规和企业章程规定的合法权利，依法行使企业经营方针、筹资、投资、利润分配等重大事项的表决权。

董事会对股东（大）会负责，依法行使企业的经营决策权。

监事会对股东（大）会负责，监督企业董事、经理和其他高级管理人员依法履行职责。

经理层负责组织实施股东（大）会、董事会决议事项，主持企业的生产经营管理工作。

第十一条明确了公司治理结构和职责分工。

首先，该条款明确了建立公司治理结构和议事规则的依据。公司治理结构的建立不仅应遵守国家有关法律法规的有关规定，还应符合企业章程的要求，二者缺一不可。同时，该条款还强调，明确决策、执行、监督等方面的职责权限是实现科学有效的职责分工和制衡机制的重要手段。

其次，该条款说明了治理结构包括四个层次，分别是股东（大）会、董事会、监事会和经理层。公司治理结构是内部控制环境的最高层次，建立科学规范的公司治理结构，并健全完善股东（大）会、董事会、监事会和经理层之间形成的权责分配，将为公司内部控制环境奠定坚实的基础。

最后，该条款阐述了治理机构的职责分工。股东（大）会享有重大事项的表决权，表决权的行使首先要合法，其次要符合企业章程规定；董事会享有经营决策权，行使决策权的前提条件是对股东（大）会负责，代表股东（大）会的利益；监事会享有监督权，它与董事会的相同点是对股东（大）会负责，监督对象则是企业董事、经理和其他高级管理人员是否依法履行其职责；经理层负责主持企业的生产经营管理工作，其所实施的工作则是股东（大）会、董事会各类决议的事项。

> 第十二条　董事会负责内部控制的建立健全和有效实施。监事会对董事会建立与实施内部控制进行监督。经理层负责组织领导企业内部控制的日常运行。
>
> 企业应当成立专门机构或者指定适当的机构具体负责组织协调内部控制的建立实施及日常工作。

第十二条明确了企业内部控制中各角色的职责。

董事会在企业内部控制中承担了两项职责，一是负责建立健全内部控制，二是负责内部控制的有效实施；监事会依然是代表股东（大）会行使监督的职责，主要监督的对象则是对董事会，监督内容是董事会建立与实施内部控制的情况；内部控制的实施及日常工作则交由专门机构或者指定适当的机构负责组织协调。

> 第十三条　企业应当在董事会下设立审计委员会。审计委员会负责审查企业内部控制，监督内部控制的有效实施和内部控制自我评价情况，协调内部控制审计及其他相关事宜等。
>
> 审计委员会负责人应当具备相应的独立性、良好的职业操守和专业胜任能力。

第十三条首先明确了审计委员会的服务对象，它隶属于董事会，为董事会负责。审计委员会是公司治理中的一种制度安排，一般被认为是董事会下属的最重要的委员会之一。其次，该条款阐述了审计委员会的工作职责，包括企业内部控制的建立是否合理，内部控制的实施是否有效，内部控制自我评价是否恰当，同时，审计委员会还要负责内部审计与外部审计之间的沟通协调等。最后，该条款对审计委员会负责人提出了要求，审计委员会负责人应同时具备良好的独立性、良好的职业操守和专业胜任能力。

> 第十四条　企业应当结合业务特点和内部控制要求设置内部机构，明确职责权限，将权利与责任落实到各责任单位。
>
> 企业应当通过编制内部管理手册，使全体员工掌握内部机构设置、岗位职责、业务流程等情况，明确权责分配，正确行使职权。

第十四条明确了内部机构的权责分配。

内部机构和人员设置应当科学合理。企业之间千差万别，即使是同行业的企业，也会因为企业规模、企业文化等因素的影响，使企业对内部控制的要求不尽相同。因此，在内部机构设置方面，企业应充分考虑自身的业务特点，结合企业内部控制要求进行设置。设置机构的目的是明确权责，将权利与责任落实到各责任单位，为内部控制的有效实施创造良好条件。同时，企业应将内部机构设置和岗位职责等形成书面载体，采用手册形式在企业内部进行宣传，做到全员掌握。只有这样，才能让全体员工都掌握内部机构设置情况，都清楚岗位职责及权力运行情况，都了解企业的业务活动和业务流程，这种全员参与的模式，将有利于规范内部权力运行，提升风险管理水平，健全科学高效的制约和监督体系。

> 第十五条　企业应当加强内部审计工作，保证内部审计机构设置、人员配备和工作的独立性。
>
> 内部审计机构应当结合内部审计监督，对内部控制的有效性进行监督检查。内部审计机构对监督检查中发现的内部控制缺陷，应当按照企业内部审计工作程序进行报告；对监督检查中发现的内部控制重大缺陷，有权直接向董事会及其审计委员会、监事会报告。

第十五条首先明确了内部审计工作独立性的重要性。独立性是加强内部审计工作的重要保障，从内部审计机构设置到人员配备及工作中，内部审计都应保持独立性。

其次，该条款将对内部控制有效性的监督纳入内部审计机构的监督范畴，内部审计机构有权对内部控制有效性进行检查。

最后，该条款强调了报告机制，内部审计机构在检查中发现的内部控制缺陷，应按照内部审计工作规定流程报告。同时，该条款还赋予了内部审计机构一定的权力，当监督检查中发现企业内部控制重大缺陷时，内部审计机构可以“跳出”规定的内部审计工作程序，直接向审计委员会、监事会报告，这也在一定程度上保证了内部审计机构的独立性。

> 第十六条　企业应当制定和实施有利于企业可持续发展的人力资源政策。人力资源政策应当包括下列内容。
>
> （一）员工的聘用、培训、辞退与辞职。

（二）员工的薪酬、考核、晋升与奖惩。

（三）关键岗位员工的强制休假制度和定期岗位轮换制度。

（四）掌握国家秘密或重要商业秘密的员工离岗的限制性规定。

（五）有关人力资源管理的其他政策。

第十六条明确了企业的人力资源政策。

首先，该条款明确了企业人力资源政策的总体要求，要求企业制定和实施的人力资源政策必须有利于企业的可持续发展。在影响企业发展的因素当中，起决定性作用的是人力资源因素。企业与企业之间的竞争，归根结底都是人力资源的竞争。人才是社会文明进步、人民富裕幸福、国家繁荣昌盛的重要推动力量。人力资源已经成为促进经济社会发展的第一要素。良好的人力资源政策能够增强企业活力。企业的可持续发展离不开一支结构合理、分工明确、运行有效的精英团队，只有拥有一支优秀的人才队伍，企业才能在竞争中立于不败之地。

其次，该条款明确了人力资源政策应当涵盖的内容。一是人力资源的引进。这就要求企业以人力资源总体规划为原则，以年度人力资源需求计划为基础引进人力资源、聘用员工。二是人力资源的开发。面对科技的飞跃发展，员工拓宽、深化和更新知识显得尤为重要，企业应加大人才培养力度，不断更新员工的知识结构，加强后备人才队伍建设，使员工队伍处于持续优化状态。三是人力资源的使用。建立良好的人才激励约束机制是关键。企业应将薪酬、考核、晋升与奖惩相结合，运用科学的业绩考核指标体系对员工进行考核和评价，发挥考核对员工积极性和创造性的引导作用，避免出现“大锅饭”体制，杜绝出现“干好干坏一个样”的局面，提高员工士气及其对企业的忠诚度。同时，企业要考虑关键岗位员工的强制休假制度和定期岗位轮换制度，企业在给员工“压担子”的同时，要尊重人才的成长规律，善于克服人力资源管理的“疲劳效应”，在人才处于最佳状态时，要给员工“铺路子”，适时地调整岗位和职位，使员工能够保持亢奋和临战状态，激励人才奋发进取。四是人力资源的退出。员工辞退与辞职表达的是两层含义。辞退是企业主动提出员工离岗，人力资源不可能只进不出，真正做到“能上能下、能进能出”才是人力资源的战略目标。只有让不适合企业发展的员工走出去，才能让更优秀的员工充实相应岗位，才能够保证企业拥有精干、高效和充满活力的团队。辞职则是企业被动接受员工离岗，企业可以根据具体实际情况，建立健全人力资源的退出机制，理性对待人才的退出，同时要考虑掌握国家秘密或重要商业秘密的员工离岗的限制性规定，实现企业和员工的双赢，促进人力资源系统的良性循环。

第十七条　企业应当将职业道德修养和专业胜任能力作为选拔和聘用员工的重要标准，切实加强员工培训和继续教育，不断提升员工素质。

第十七条是关于选人和培养人的规定。

选人是人力资源管理的第一环节，也是人力资源管理中最难的一个环节。新员工的引进会花费企业更多的培训费用、耗费更多时间，若新员工甄选不当，新员工潜力小，可培养性差，人力资源使用的价值小，人力成本高于人力价值的产出，就会对企业产生负面效应，从而增加企业的人力资源风险。因此，选人标准就显得尤为重要。选人标准有很多，最重要的两个标准一个是德，一个是能，即职业道德修养和专业胜任能力。职业道德修养排在首位是有一定的道理的。一个人即使才华再出众，而他的道德水准不够高，在处理人际关系能力方面较差，通常以自我为中心，不屑与其他人合作，这样的人企业是无法委以重任的。另外，这样的人对企业的长远发展也是极其不利的，他们的道德修养差，导致他们不会忠于企业，可能会因为自身利益出卖企业，泄露商业机密，从而增加企业人力资源风险。第二个标准是专业胜任能力。具备专业胜任能力的人才，不仅能够给企业省下大量的培训成本，而且企业能够从人才工作中获取大量回报，并且随着工作年限的增加，回报也会逐年增长。

培养人的有效途径是加强员工培训和继续教育，不断提升员工素质。培训是提高员工素质、增强企业人力资源竞争力的重要方式。人是企业生存的第一劳动生产力，是企业宝贵的财富。培训是人力资源管理的重要环节，企业想在现代社会的竞争中立于不败之地，必须重视对员工的培训。培训不仅可以挖掘员工的潜力，提高员工的工作技能，还能传承企业文化，增强企业的凝聚力。

第十八条　企业应当加强文化建设，培育积极向上的价值观和社会责任感，倡导诚实守信、爱岗敬业、开拓创新和团队协作精神，树立现代管理理念，强化风险意识。

董事、监事、经理及其他高级管理人员应当在企业文化建设中发挥主导作用。

企业员工应当遵守员工行为守则，认真履行岗位职责。

第十八条是关于文化建设的内容。

首先，该条款强调了加强文化建设的四个重要作用。一是能够培育积极向上的价值观和社会责任感。企业文化包括价值观、最高目标、行为准则、管理制度、道德风尚等内容。它以全体员工为工作对象，通过宣传、教育、培训和文化娱乐等方式，使全体员工将企业文化铭记于心，通过全体员工有意识的实践活动体现企业文化，从而在社会上形成个性鲜明的企业形象。优秀的企业文化在彰显自身责任感的同时，还将企业优良的经营状态和优秀的管理风格展示给社会，其社会地位自然会节节攀升，外部形象也会得到很好的塑造。二是倡导诚实守信、爱岗敬业、开拓创新和团队协作精神。企业文化中强调诚实守信，这是企业与员工之间、员工与员工之间相互信任的重要保障，也是营造团结友爱的和睦气氛的前提。企业与员工之间应该相互信任，增强全体员工的主人翁意识。正所谓“疑人不用，用人不疑”，员工视企业为自己生命的一部分，做工作不是应付了事，而是把本职工作上升到是为实现企业价值不可或缺的一步，自我施压、爱岗敬业、开拓创新，将本职工作做到极致。同时，企业也应该知人善任、相信人才、依靠人才，创造容纳人才的企业文化。员工与员工之间的相互信任则体现在员工之间的合作方面，正所谓“人心齐、泰山移”，这就需要团队协作精神。团队精神的核心是协同合作，这并不要求团队成员牺牲自我，相反，挥洒个性、表现特长更有利于成员共同完成任务目标，而明确的协作意愿和协作方式则产生了真正的内心动力。团队精神是组织文化的一部分，如果没有正确的管理文化，没有良好的从业心态和奉献精神，就不会有团队精神。三是树立现代管理理念。企业在经营中要生存、要发展，因此企业要采用现代管理理念来提升竞争力。现代管理理念包括管理思想现代化、管理组织现代化、管理控制现代化、管理手段现代化。在管理方面，企业会面临各种矛盾和多种选择，这就要求企业采取科学的方法论来指导，使管理理念做到与时俱进，树立现代管理理念，拥有一套逻辑思维方面的程序来决定自己的行为，这是企业一切行为的逻辑起点。因此，树立正确的现代管理理念，是企业文化建设的一项重要任务。企业只有重视现代企业管理在企业发展中的作用，才能寻求出一条更加利于企业发展的新途径，从而全面促进企业的发展。四是强化风险意识。随着现代技术发展的突飞猛进，市场竞争愈演愈烈，企业的风险无处不在，即使今天是龙头企业，明天也可能面临破产的威胁。风险意识应融入企业文化建设的全过程，树立正确的风险管理理念，增强员工的风险管理意识，将风险管理意识转化为员工的共同认识和自觉行动，促进企业建立系统、规范、高效的风险管理机制。

其次，该条款明确了强化企业文化建设中的领导责任意识，明确了文化建设中的主导者。企业文化是全体员工必须信奉的信条，文化建设主导者应当认真规划、狠抓落实，这样才能取得实效。作为主导者应当站在企业发展的战略高度开展文化建设，对企业文化建设进行系统思考，大到总体思想，小到具体对策，扎实推进文化建设，制定出切实可行的企业文化。

最后，该条款明确了文化建设中对员工的要求。文化建设不是纸上谈兵，更不能流于形式，它需要全体员工共同遵守。文化建设从企业实际出发，它是企业管理者们所共同拥有的企业价值观念和经营实践，它是总结优良传统，提炼核心价值，以科学的态度确定可行性的内容。这些内容形成企业文化规范，成为员工行为守则的重要组成部分，从而达到约束员工的思想和行为，保证员工能够认真履行岗位职责，养成脚踏实地的工作作风。

第十九条　企业应当加强法制教育，增强董事、监事、经理及其他高级管理人员和员工的法制观念，严格依法决策、依法办事、依法监督，建立健全法律顾问制度和重大法律纠纷案件备案制度。

第十九条是有关法制教育的内容，主要强调了以下四点。

一是加强法制教育。企业法治教育的侧重点是培养员工的法治精神，通过法制宣传教育等手段，使法制观念深入人心，从而能够扎实推进企业的依法治理，引导全体员工发自内心地尊崇法律、信赖法律、遵守法律和捍卫法律，建立起员工对法律的尊重和自觉信仰。

二是增强法制观念。只有人人树立法治观念，养成守法习惯，善于用法维权，才能有效地确保社会稳定，才能维护国家、集体利益和公民的合法权益。企业全体员工应增强法制观念，尤其是董事、监事、经理及其他高级管理人员。只有通过法律素质的不断提高，善于利用法律武器维护自身的合法权益，用法律手段解决一切矛盾，才能真正确保企业正常的生产秩序，更好地为企业树立良好的社会形象。

三是依法行事。它存在于企业各个环节。企业应依法享有并行使权利，依法承担并履行义务。企业应利用法律武器，不断提高企业依法决策、依法经营管理、依法维权的能力，以法律为准绳，使企业走上科学化、规范化的发展道路。把企业的各项工作纳入规范化、法制化轨道，对于改进企业管理，提高企业经营管理能力，保护企业合法权益，有着十分重要的意义。

四是建立健全制度。依法治企的基础是行之有效的规章制度，而规章制度是企业实行法治化管理的重要手段。企业在管理过程中应注重机制管理，应根据国家的新形势、市场的新变化，将国家法律以及相关的规则内化为企业的规章制度，堵塞经营漏洞，从制度上保障和促进企业发展，用制度规范行为，不断健全企业法制化管理体系。

第 4 章

风险评估：为企业“量体裁衣”

导读

“兽有猱，小而善缘，利爪。虎首痒，辄使猱爬搔之。不休，成穴，虎殊快，不觉也。猱徐取其脑啖之，而汰其余以奉虎曰：‘余偶有所获腥，不敢私，以献左右。’虎曰：‘忠哉，猱也！爱我而忘其口腹。’啖已又弗觉也。久而虎脑空，痛发，迹猱，猱则已走避高木，虎跳踉，大吼乃死。”这是明朝作家刘元卿所写的一篇短文，意思是：有一种叫猱的野兽，体型小且善于爬树，爪子极其锋利。老虎的脑袋痒，就让猱爬到自己头上去挠痒。即使虎头被挠出了窟窿，老虎也丝毫没有察觉。猱把老虎的脑髓当作美味佳肴，把残渣献给老虎，而老虎只看到了猱的“忠心”，却不知道危险已经降临，最后死于“安逸”。

猱虽然瘦小，但它仅仅施以一些诱惑手段，就能轻而易举地击垮体型庞大的对手。我们在生活中也会面对形形色色的诱惑，如果我们无法分辨其中的风险，就会为之付出沉重的代价，企业亦是如此。企业都希望能够做大做强，而真正做大做强后，又有几家能够长久地维持其强大？又有几家能够用当初“打江山”的干劲来“守江山”？又有几家能够居安思危，即使企业已经蒸蒸日上，仍然绷住危机意识这根弦？风险不是某个时期所特有的，它存在于企业发展的各个阶段。风险评估不到位，措施应对不当，再辉煌的企业也会走向衰亡。只有有风险意识的企业，才能立于不败之地。

海尔集团是全球大型家电品牌，于 1984 年在青岛创立，现已在全球建立了 21 个工业园、5 个研发中心、19 个海外贸易公司，全球员工超过 7 万人，连续 11 年蝉联中国最具价值品牌榜首。之所以取得如此傲人的成绩，是因为海尔集团将“永远战战兢兢，永远如履薄冰”作为其生存理念。“生于忧患，死于安乐”，正是海尔集团所极力避免的。

无锡小天鹅股份有限公司（以下简称小天鹅）的发展成长史，就是一部中国洗衣机产业的创新做强史。小天鹅创立于 1958 年，是中国洗衣机市场发展最早，也是唯一还处在市场领军行列的企业。它实行“末日管理”战略，坚守“企业最好的时候，也就是最危险的时候”的理念，因此长久以来一直保持着欣欣向荣的局面。

按照生命周期理论的观点，企业的发展与成长的动态轨迹，包括初创、成长、成熟和衰退几个阶段。无论处于哪个阶段，企业都会遇到各式各样的风险。风险处理得当与否，关乎企业的命运好坏。风险衡量稍有差池，企业就可能面临转型，甚至消亡。风险评估手段科学有效，有助于企业运营者提高经营水平，从而有助于企业走上可持续发展的道路。风险的出现都是有征兆的。如果通过对预期效益、或有风险及资产的当下价值展开预测、估算，做出科学判断，那么，企业往往可以提早发现发展过程中可能遇到的风险。因此，企业应通过科学的预测和谨慎的评估，将风险扼杀在摇篮中，做好风险控制。

企业风险评估是对所收集的风险管理初始信息和企业各项业务管理及其重要业务流程进行的评估，准确识别与实现控制目标相关的内部风险和外部风险，确定相应的风险承受度，包括整体风险承受能力和业务层面的可接受风险水平。企业风险评估具体包括风险识别、风险分析和风险评价三个步骤，其目的在于查找和描述企业风险，评价所识别出的各种风险对企业实现目标的影响程度和风险价值，给出风险控制的优先次序等。企业可以通过风险评估对风险有精确的认识，并准确定义组织的安全水平和安全需求。

4.1　风险识别：探究风险因素

管理层需要充分了解企业所面临的风险，风险管理中最大的问题就是管理层没有认识到潜在的障碍威胁。通过风险识别，企业能检查出所遇到的各种风险根源与类型。风险识别是风险管理的基础，也是风险管理的第一步。只有正确识别出自身面临的风险，企业才能有的放矢地选择适当方法进行应对。风险识别是指在风险事故发生前，人们运用各种方法系统、连续地认识所面临的各种风险并分析风险事故发生的潜在原因。在企业的发展历程中，风险无时不在，也无处不在，既有企业内部可控因素所导致的风险，也有企业外部的不可控因素所导致的风险，如社会动荡、自然灾害等。

4.1.1 内部风险因素

企业内部风险因素包括人力资源因素、管理因素、自主创新因素、财务因素和安全环保因素。

1. 人力资源因素

人力资源因素包括董事、监事、经理及其他高级管理人员的职业操守、员工专业胜任能力等。由于经营管理上的不善和制度上的缺陷而导致员工对企业利益造成损害的可能性，是人力资源因素所带来的风险。

2. 管理因素

管理因素包括组织结构、经营方式、资产管理、业务流程等。管理风险是指管理运作过程中因信息不对称、管理不善、判断失误等影响管理水平的风险。管理风险具体体现在构成管理体系的每个细节上，构成管理体系的四个部分为：管理者的素质、组织结构、企业文化、管理过程。

3. 自主创新因素

自主创新因素包括研究开发、技术投入、信息技术运用等。一般来说，没有能促进企业革新、创新的文化，企业不可能长期生存发展。事情都是具有两面性的，创新给企业带来了成功的机会，也给企业带来了潜在的风险。

4. 财务因素

财务因素包括财务状况、经营成果、现金流量等。财务风险是指企业财务结构不合理、融资不当使企业可能丧失偿债能力而导致投资者预期收益下降的风险。财务风险是企业在财务管理过程中必须面对的一个现实问题，财务风险是客观存在的，企业管理者只能采取有效措施来降低风险，而不可能消除风险。

5. 安全环保因素

安全环保因素包括营运安全、员工健康、环境保护等。安全环保风险是指出于安全考虑或满足安全环保法规等要求而增加的新资产投入或迫使项目停产等风险。安全环保的目的，即形成最大限度地保证工作效率和安全系数在临界点以内的共识。这也是企业在尽量避免人身和非人身事故发生的过程中，形成的共同价值取向和行为准则。

4.1.2　外部风险因素

企业外部风险因素包括经济因素、法律因素、社会因素、科学技术因素和自然环境因素。

1. 经济因素

经济因素包括经济形势、产业政策、融资环境、市场竞争、资源供给等。经济风险是市场经济特有的一种普遍的经济现象。它在资本主义社会和社会主义初级阶段发挥作用，因为这个时期，市场机制是经济运行的主导机制。在该机制中，不确定因素层出不穷，经济风险变得尤为突出，不可轻视。它是一种独立的经济现象。

2. 法律因素

法律因素包括法律法规、监管要求等。法律风险是指在经营过程中因自身经营行为不规范或外部法律环境发生重大变化而造成不利的法律后果的可能性。随着经济社会的不断发展，我国规范经济活动的法律法规日益完善。企业应时刻确保经济活动不违反相关法律法规，否则就会给企业带来法律风险。

3. 社会因素

社会因素包括安全稳定、文化传统、社会信用、教育水平、消费者行为等。这些不确定性因素可能给企业经营活动带来损失。从成因来看，社会因素导致的风险存在并作用于企业经营的更深领域。例如，企业主要存在跨国经营活动引发的文化风险、并购活动引发的文化风险和组织内部因素引发的文化风险。

4. 科学技术因素

科学技术因素包括技术进步、工艺改进等。从企业角度讲，技术风险就是在技术创新过程中，技术本身的复杂性和其他相关因素变化产生的不确定性而导致技术创新遭遇失败的可能性，包括技术方面的因素所造成的纯技术风险。从技术创新过程所处的不同阶段考察，技术封信啊可以划分为技术设计风险、技术研发风险和技术应用风险。

5. 自然环境因素

自然环境因素包括自然灾害、环境状况等。自然环境风险是指企业自身或影响其业务的其他方面造成的自然环境破坏而承担损失的风险。自然环境风险所带来的影响，涵盖企业自身对自然环境造成的直接影响，以及企业与客户和供应商之间的联系对自然环境造成的间接影响。

4.2　风险分析：确定关注重点

风险分析需对风险及其特点进行详细的描述，分析与描述风险出现的概率、风险利益等。企业进行风险分析，应当充分吸收专业人员，组成风险分析团队，按照严格规范的程序开展工作，确保风险分析结果的准确性。企业应当采用定性与定量相结合的方法，按照风险发生的可能性及其影响程度等，对识别的风险进行分析和排序，确定关注重点和应优先控制的风险。

1. SWOT 分析法

SWOT 分析法是确定企业自身的竞争优势、竞争劣势、机会和威胁，从而将企业战略与内部资源、外部环境有机地结合起来的一种科学的分析方法。公司可以利用 SWOT 分析法分析出自己所面临的情况，利用优势找到突破口。

2. 德尔菲法

德尔菲法是一种采用背对背的通信方式征询专家小组成员的预测意见，经过几轮征询，使专家小组的预测意见趋于集中，最后做出符合市场未来发展趋势的预测结论的分析方法。这种方法可以使结论更加明显，集思广益地分析出风险点的所在。

3. 历史信息核对法

历史信息核对法是通过调用业务相关历史资料信息，包括原始资料等，从头开始寻找风险点的来源，并分析出可能出现的其他风险，从而得出对应解决方法的一种风险分析方法。这种方法需要使用较多的人力、物力。

4.3　风险评价：确定应对策略，解决危机

风险评价，又称安全评价，是指在风险识别和分析的基础上，综合考虑风险发生的概率、损失幅度以及其他因素，得出系统发生风险的可能性及其程度，并与公认的安全标准进行比较，确定企业的风险等级，由此决定是否需要采取控制措施，以及控制的程度。风险评价就是评价风险对企业发展目标的阻碍程度及价值，而风险的影响与价值就是风险管理及决策的关键依据。

企业应当根据风险分析的结果，结合风险承受度，权衡风险与收益，确定风险应对策略。这个过程少不了合理分析、准确掌握董事、经理及其他高级管理人员、关键岗位员工的风险偏好。只有将这些因素全部考虑在内，才能采取适当的控制措施，避免因个人风险偏好给企业经营带来重大损失。

正确选择风险应对策略，有助于实现对风险的有效控制。风险应对策略包括风险规避、风险降低、风险分担和风险承受等。风险规避是企业对超出风险承受度的风险，通过放弃或者停止与该风险相关的业务活动以避免和减轻损失的策略。风险降低是企业在权衡成本效益之后，准备采取适当的控制措施降低风险或者减轻损失，将风险控制在风险承受度之内的策略。风险分担是企业准备借助他人力量，采取业务分包、购买保险等方式和适当的控制措施，将风险控制在风险承受度之内的策略。风险承受是企业对风险承受度之内的风险，在权衡成本效益之后，不准备采取控制措施

降低风险或者减轻损失的策略。这些策略的选择不是一成不变的，而是需要结合企业不同发展阶段和业务拓展的情况，持续收集与风险变化相关的信息，进行风险识别和风险分析，及时调整。

4.4　风险管理：经营管理过程中的核心内容

企业的生存伴随着市场的风险、财产损失的风险和竞争力减弱的风险等。风险管理就是采取一定的措施对风险进行检测、评估，并将其控制在某一可以接受的水平上。从职能上看，风险管理就是在对风险进行观察、评估的基础上控制风险可能造成的损失，以保证组织目标的实现。

风险管理的基本目标：企业在面临风险和意外事故的情形下能够维持生存。风险管理方案应使企业能够在面临损失的情况下持续发展。通过风险管理，企业优化了资本配置，防止了资源流失，加快了实现业绩和盈利目标的步伐。

4.5　案例：风险评估不恰当，造成“止盈不止损”的局面

4.5.1　基本案情

中信泰富有限公司（以下简称中信泰富）的前身是泰富发展有限公司（以下简称泰富），泰富成立于 1985 年，创始人是中国香港的“炒股大王”香植球。成立一年后，泰富通过新景丰公司上市。同年 2 月，泰富发行 2.7

亿股新股予中国国际信托投资（香港集团）有限公司，使其持有泰富 64.7% 的股权，自此，泰富成为其子公司。1991 年，泰富正式更名为中信泰富。中信泰富的业务集中在香港及广大的内地市场，业务重点以基建为主，包括投资物业、基础设施（如桥、路和隧道）、能源项目、环保项目、航空以及电信业务。

2006 年，中信泰富斥巨资投资西澳项目，分两次从澳大利亚富豪克莱夫·帕尔默（Clive Palmer）手里买下西澳普雷斯顿（Preston）磁铁矿 20 亿吨资源量大约 25 年的开采权，并有权再获得 40 亿吨资源量的开采权。该项目总投资约 42 亿美元，而且所有支出都必须用澳元支付。在项目进行的 25 年内，中信泰富还将在全面营运的每一年度投入至少 10 亿澳元。为了降低项目面临的汇率风险，中信泰富签订了若干杠杆式外汇买卖合约以对冲汇率风险。澳元在当时优势明显，利率极高，短期内下跌可能性较低。大宗商品以澳元作为结算货币，彰显了其巨大优势，澳元成了汇市上的宠儿。

西澳项目金额巨大，又是以澳元结算的，面对澳元当时的局势，锁定汇率成了中信泰富的重要选择。中信泰富与花旗银行、瑞信国际、法国巴黎银行、汇丰银行、德意志银行等 13 家外资银行签订了数份杠杆式外汇买卖合约，其中金额最大的是澳元累计期权合约，总额为 90.5 亿澳元，锁定汇率 0.87。

由于风险因素的存在，澳元并没有一直稳坐"高利率的宝座"，2008 年 7 月起，澳元汇率发生了巨大的波动。原来锁定汇率的最佳选择，现在却变成了公司的"枷锁"。短短一个月时间，澳元汇率持续下滑，澳元持续贬值，澳元兑美元价格跌幅也高达 10.8%，并且下跌趋势一直持续到 2008 年 10 月。

2008 年 10 月 20 日，中信泰富发布公告称，公司为降低西澳项目面对的汇率风险，此前签订了若干杠杆式外汇买卖合约，截至当日，相关合约导致已变现及未变现亏损总额为 155.07 亿港元。与此同时，中信泰富两名高层递交辞呈。在这些信息的影响下，中信泰富当日股价开盘暴跌 38%，盘中跌幅更是一度超过 55.4%，最终收盘跌幅达 55.1%，远远超过业界预计的 20% 左右的跌幅。这无疑给中信泰富带来了巨大的危机。为了应对这场危机，尽力挽回损失，中信泰富主席荣智健及母公司中信集团，于场内分别增持 100 万股及 200 万股，用以维持股价稳定。然而大势已去，即使中信集团又向中信泰富授出 116 亿港元的备用信贷，也改变不了中信泰富炒汇巨亏的结果。公司业绩报告中显示，2008 年中信泰富亏损 126.62 亿港元。面对如此巨额的亏损，中信泰富管理层难辞其咎，荣智健卸任中信泰富主席的职务。

4.5.2　案例分析

收集市场信息不到位。花旗银行、汇丰银行、德意志银行等国际投行利用了定价优势，中信泰富与其签订的合约，在理想的情况下，中信泰富最大盈利 5 150 万美元，但合约隐含的亏损额却比盈利额要大得多。因为定价能力和市场情况分析能力的不对等，签订合同时，中信泰富就已经落入合约陷阱。虽然企业需求各异，通常需要定制产品来满足其特定需求，但是在定制产品过程中，企业自身应发挥主导作用，而不是扮演被动的角色。虽然企业通过对远期、期货、互换、期权等进行组合，也可以达到特定的套期保值目的，但是中信泰富签订的整套合约是“止盈不止损”的，盈利有限而可能亏损的数额远大于可能获利的数额。中信泰富在这一金融衍生品交易中，已经不是简单地套期保值，而是投机。

没有正确运用风险规避手段。中信泰富的合约损失是汇率风险造成的。在合约开始执行的 2008 年 7 月初，澳元兑美元价格持续稳定在 0.9 以上，通过杠杆式外汇买卖合约锁定汇率，从表面上看来是一个不错的选择。但是澳元汇率非正常暴跌，从 2008 年 7 月初签订澳元累计期权合约开始，到 2008 年 10 月中信泰富发布汇率衍生品巨亏公告预警，短短 3 个多月时间，澳元兑美元价格跌幅超过 30%。在汇率 3 个多月的跌势中，面对已经存在的风险，中信泰富没有实施正确的应对措施，没有采取对冲并及时停止交易，导致巨额损失。

风险分析停留在表面。金融衍生品交易极其复杂，金融衍生工具的交易结果取决于交易者对基础工具未来价格的预测和判断的准确程度。基础工具价格的变幻莫测决定了金融衍生工具交易盈亏的不稳定性，这是金融衍生工具具有高风险的重要原因。金融衍生品交易不当将导致巨大的风险，显然中信泰富对风险没有进行深入分析，选择的累计期权合约不是用来套期保值，而是用作投机。其只看到了眼前的利益，没有考虑金融市场的千变万化。中信泰富没有正确评估外汇合约潜在的风险，贸然涉足并不擅长的金融领域，遭受损失只是时间问题。

工作程序不规范，无法保证风险分析结果的准确性。据中信泰富审核委员会的调查，外汇合约带来的巨额亏损，并不牵涉欺诈或其他不法行为。而这天价支出，是财务负责人未遵守集团对冲风险政策，越权进行交易造成的。可见，风险控制不单单存在于业务部门，也存在于治理结构中，治理机制不健全，给企业带来的风险和损失是巨大的。

4.6　案例：风险管理流于形式，“业界帝国”也会土崩瓦解

4.6.1　基本案情

中国航油（新加坡）股份有限公司（以下简称中航油新加坡公司）于 1993 年 5 月 26 日在世界第三大炼油中心新加坡成立。2001 年 12 月 6 日，该公司成功在新加坡交易所主板挂牌上市，成为“依托中国，走向世界”的石油类跨国企业，成为中国首家完全利用海外自有资产在国际证券市场上市的中资企业。中航油新加坡公司以上市为契机制定了长远发展的目标，通过立足石油行业，来建立核心专长，在亚洲乃至世界石油市场占据一席之地，一时成为资本市场的明星。然而，中航油新加坡公司并没有止步于自己擅长的领域，在做大做强的同时，开始涉足石油衍生品期权交易。在不熟悉的领域，操作高风险的业务，源于巨大利益的诱惑。2004 年风云突变，第一季度油价攀升，公司潜亏 580 万美元，公司决策层期望油价能回跌，决定延期交割合同，交易量也随之增加。第二季度，随着油价持续上涨，公司账面亏损额增加已达到 3 000 万美元左右，公司决策层依然采取延期交割合同的方式，交易量再次增加。然而，10 月油价节节攀升，公司的交易盘口已达 5 200 万桶。公司决策层没有冷静面对，没有进行风险评估，仅将一切希望寄予奇迹的发生，继续补加交易量。公司至此已耗尽 2 600 万美元的营运资本、1.2 亿美元的银团贷款和 6 800 万美元的应收账款资金，账面亏损高达 1.8 亿美元，另需支付 8 000 万美元的额外保证金，资金周转陷入巨大困境。截至 2004 年 12 月 1 日，中航油新加坡公司亏损高达 5.5 亿

美元，管理层已意识到无力回天。不到一年的时间，公司亏损巨大，负债累累，不得已向新加坡交易所申请停牌，并向当地法院申请破产保护。一家工贸结合、主营国际石油贸易、曾经总资产近30亿美元的企业，却因为投机行为，在不到一年的时间里就土崩瓦解。

4.6.2 案例分析

中航油新加坡公司的制度不是由管理层自行制定的，而是聘请国际著名的安永会计师事务所制定的，可见其制度的专业性。虽然管理制度全面，制定了国际石油公司通行的风险管理制度，建立了股东会、董事会和监事会，在董事会下设风险管理委员会和审计委员会，并制定了相应的工作规则，内部控制制度和风险防范制度完善，但是中航油新加坡公司在风险管理方面有令而不执行。这归咎于其股东会、董事会和管理层三者合一的治理结构。三者身份的统一，使得内部控制制度全面失效。集团公司一股独大，小股东众多且分散的局面，造成了股东会毫无约束力，集团公司决策层的想法不费吹灰之力就可以在股东会上顺利通过。

大多数董事会成员是中航油新加坡公司和集团公司的高管，独立董事只是一个摆设，根本没有话语权，更构不成重大决策的制约因素。决策和执行合一，最终使中航油新加坡公司走向了由经营者一人掌控整个公司的道路，市场规则和内部制度被束之高阁，决策过程神秘化，运作过程机密化，独断专行日常化。公司总裁兼集团公司副总经理陈久霖可以说是中航油新加坡公司的“皇帝”。财务经理是公司的一个重要职务，为了自己选任财务经理，陈久霖对集团公司派出的财务经理百般刁难，从而达到调离的目的。同时，集团公司派来的党委书记在新加坡两年多，却对陈久霖从事场外期货投机交易毫不知情。空有制度，没有管控，风险悄然降临。

企业在做任何决策前，应当首先进行风险识别，这是十分关键的一个环节。在“中航油事件”中，如果公司的管理层能及时认清形势，清醒地意识到可能产生的风险，主动选择适当有效的方法进行处理，可能就不会有后面的惨痛经历。

风险评估是量化测评某一事件或事物带来的影响或损失的可能性，分析和确认内部控制目标实现过程中不利的不确定因素，帮助企业明确风险来源，采取应对措施，进行风险管理的手段。石油衍生品交易具有高杠杆效应，同时也伴随着高风险。中航油新加坡公司对衍生品缺少内部合理定价，从而导致了对所面临的风险的误判。另外，中航油新加坡公司为了赚取更高利润，选择的不是公开的场内交易，而是场外交易，这种一对一的私下交易，必然会给公司带来更高的风险。

风险应对是在确定决策主体经营活动中存在的风险，并分析出风险概率及风险影响程度的基础上，根据风险性质和决策主体对风险的承受能力而制订的风险规避、降低、分担或者承受等相应防范计划。分析中航油新加坡公司进行石油衍生品投机交易失败的惨痛经历，不难看出，当交易活动中出现了风险时，决策者没有准确分析出风险概率及风险影响程度，导致选择风险应对策略失误，最终酿成大祸。国际石油期货价格持续攀升，中航油新加坡公司的决策层没有及时止损，反而逆向操作，追加保证金，直至现金流无法周转，彻底瘫痪，最终导致中航油新加坡公司巨亏 5.5 亿美元。在这场博弈中，中航油新加坡公司的决策层连续几次选择延期交割合同，即使油价不断攀升，依然没有改变风险应对策略。到期日不断推后，风险却成倍增加，最终到了失控的地步。如果中航油新加坡公司内部的风险控制队伍能够按照常规操作，发挥专业素质对冲风险，减小损失，那么也不至于到达无法控制的境地。

中航油新加坡公司的《风险管理手册》堪称模板，但却空有其表，它对风险控制规定得极其详尽，其中规定针对重要事项需要逐级上报。交易员、风险控制委员会、审计部、总裁、董事会层层把关，这种上报、交叉控制的制度的执行，能够有效地降低风险。《风险管理手册》中规定，每名交易员损失 20 万美元时要向风险控制委员会报告和征求意见；当损失达到 35 万美元时要向总裁报告和征求意见，在得到总裁同意后才能继续交易；任何导致 50 万美元以上损失的交易将自动平仓。如果严格按规定执行，损失的最大限额应是 500 万美元，但中航油新加坡公司却无视规定，妄想冒更大的风险来换取翻盘的机会，结果最终亏损额高达 5.5 亿美元，以至申请破产保护。

在风险识别和风险应对环节，总裁一人完成授权、执行、检查与监督全过程。在获悉第一季度账面亏损时，总裁没有安排专业人士开展风险分析，没有按照《风险管理手册》的规定斩仓止损，也没有进行信息披露，而是自信地认为油价会回落。直到第三季度流动资产耗尽，总裁不得已才向集团公司汇报亏损并请求帮助。可是没有想到，集团公司没有对这种违规行为进行问责，反而在不进行风险评估的情况下，贸然选择以私募方式卖出部分股份来“挽救”中航油新加坡公司，风险控制机制成了摆设。

中航油新加坡公司成立了风险委员会，制定了《风险管理手册》，明确规定损失超过 500 万美元必须报告董事会。可是公司总裁陈久霖不遵守规定，集团公司也束手无策。中航油新加坡公司从事石油衍生品期权交易一年有余，从最初的 200 万桶发展到出事时的 5 200 万桶，集团公司却毫不知情。直到保证金支付问题难以解决、经营难以为继时，中航油新加坡公司才向集团公司紧急求助。中航油新加坡公司在海外市场进行石油衍生品的交易，交易总量远远超过现货交易总量，这是国家明令禁止的，而集团公司对其违规活动毫无察觉。作为公司运营的风险管理机构的风险委员会，也没有起到防范和控制公司经营管理和投资项目运作风险的作用。

4.7　规范详解

本章主要讲解了风险评估的相关内容，涉及《企业内部控制基本规范》的第二十条至第二十七条。下面对相关法规进行详细讲解。

> 第二十条　企业应当根据设定的控制目标，全面系统持续地收集相关信息，结合实际情况，及时进行风险评估。

第二十条讲的是风险评估的准备阶段，主要强调了以下三点。

首先，设定控制目标。控制目标是内部控制应完成的任务或达到的标准，它用来促进企业组织的有效营运，以确保各部门均能发挥应有的功能。企业只有设定控制目标，才能进行风险识别和分析，才能采取行动管理风险。设定控制目标是风险评估的前期必要准备，是至关重要的环节。设定控制目标讲究的是适当性，它应与企业风险容量相匹配。控制目标设定不当，会让企业承受不必要的风险。

其次，收集信息的质量。风险评估的准备阶段收集的信息要做到全面性、系统性和持续性。（1）收集信息应做到全面性。没有调查就有没有发言权，只有掌握全面的信息，在风险分析方面才能占有优势。企业只有全面地收集信息，才能完整地反映企业风险的全貌，从而为下一步风险评估决策的科学性提供保障。（2）收集信息应做到系统性。风险评估所需要的信息不是零星的、个别的、紊乱的，而是由具有特定内容和性质，在一定的环境条件下为风险应对策略服务的信息所组成的有机整体。我们所说的收集信息的系统性，并非无所不包、贪多求全，而是要求所收集的信息能够系统地反映一定时期变化的概貌。（3）收集信息应做到持续性。有些信息需要经过一定的时间才能显示出其规律性，企业若忽视了连续性和持久性，则往往功亏一篑。另外，收集信息持续性的过程，既保证了信息的实时更新，也保证了信息的时效性。风险评估对信息的要求是“事前”的消息和情报，而不是“马后炮”，信息的持续更新保证了信息对决策的有用性，从而使信息的作用得到有效发挥。

最后，强调风险评估的切入点。企业进行风险评估也受着“天时地利”的影响。所谓“天时”，强调时间的切入应及时，企业应对所收集的相关信息及时进行风险评估，确保时效性。所谓“地利”，强调企业应因地制宜进行风险评估。企业风险评估没有固定的模板，更不能完全效仿其他企业，而是应该结合本企业的实际情况进行操作。

第二十一条　企业开展风险评估，应当准确识别与实现控制目标相关的内部风险和外部风险，确定相应的风险承受度。

风险承受度是企业能够承担的风险限度，包括整体风险承受能力和业务层面的可接受风险水平。

第二十一条讲的是风险识别和风险承受度。

风险识别是风险管理的第一步，也是风险管理的基础。企业有效控制风险的必经之路就是充分地识别风险。企业只有在正确识别出自身所面临的风险的基础上，才能够主动选择适当有效的方法进行处理。从根本上来讲，风险识别是发现风险源和认识风险因素的过程。风险包括内部风险和外部风险，准确识别内部风险和外部风险的目的在于找出风险源，为后续采取风险应对策略打好基础。充分了解和认识造成风险的原因和过程，更能准确地确定风险承受度，便于企业采取适当的技术和手段控制风险或降低损失程度。

风险承受度是企业愿意承担的风险限度，也是企业风险偏好的边界。通过科学的测试具体估算和定位自己的风险承受能力具有重要的意义。风险承受度包括两个方面。一是企业整体风险承受能力。企业应确定愿意承担哪些风险，明确企业风险的最低限度和不能超过的最高限度，并据此确定风险的预警线及相应对策。二是具体业务层风险的可承受水平。企业应根据不同业务的特点确定风险偏好和风险承受度，正确认识和把握风险与收益的平衡，防止和纠正忽视风险、因片面追求收益而不讲条件、范围，认为风险越大、收益越高的观念和做法。同时，企业还要防止单纯为规避风险而放弃发展机遇。

第二十二条　企业识别内部风险，应当关注下列因素。

（一）董事、监事、经理及其他高级管理人员的职业操守、员工专业胜任能力等人力资源因素。

（二）组织机构、经营方式、资产管理、业务流程等管理因素。

（三）研究开发、技术投入、信息技术运用等自主创新因素。

（四）财务状况、经营成果、现金流量等财务因素。

（五）营运安全、员工健康、环境保护等安全环保因素。

（六）其他有关内部风险因素。

第二十二条讲的是企业内部风险因素。

企业内部风险因素包括人力资源因素、管理因素、自主创新因素、财务因素、安全环保因素和其他有关内部风险因素。

1. 人力资源因素

人力资源因素重点关注两方面。一是高级管理人员的职业操守。高级管理人员身上肩负着企业发展的重任。由于企业资源是有限的，经不起重大失误，高级管理人员的决策对企业来说有可能是一锤定音，决策的失败很有可能直接将企业推向万劫不复的深渊，这就对高级管理人员的职业操守提出了较高的要求。高级管理人员应该具备高度的诚信和责任心。他们必须始终以企业利益为重，不得利用职权谋取个人私利，不得泄露企业机密，不得参与任何违法违规活动。高级管理人员作为企业的领导层，应为企业指引正确方向，同时，员工做某项工作或者完成某项任务时，也需要上级的指点和引导，否则就变成了无头苍蝇，乱闯乱撞。二是员工专业胜任能力。员工应具备专业知识和技能，在自己的工作领域有非常强的专业技能，这样的员工正是实际工作中所适用和急需的人才。员工应具备胜任能力，并不是指一般的能力，而是为了促使各项工作的正常开展、实现公司目标而对其员工要求的学识、素养和实力的有效组合，这也是新形势下企业可持续发展的必要条件。

2. 管理因素

管理因素包括组织机构、经营方式、资产管理、业务流程等。组织机构是按照一定的原则设置的，是企业内部各组织职能分配的一种体现。组织机构的设计方法是：以组织目标为出发点，以活动分析划分为依据。组织机构不是千篇一律、一成不变的，它虽然需要相对的稳定，但也应根据实际工作需要的反馈做出适宜调整。同时，企业应该注意到组织机构的变化可能会随之产生新的组织风险。经营方式是企业在经营活动中所采取的方式和方法，是所有者和经营者相互关系的表现形式，也是企业经营的具体形式。经营有“道”，管理有“术”。对企业而言，经营是核心，是先导；管理是基础，是为经营服务的。经营方式不对，再好的管理也无济于事。资产管理贯穿于企业生产经营全过程，即“实物流”管控。资产管理以提高资产可利用率、降低企业运行维护成本为目标，以优化企业维修资源为核心，合理安排维修计划及相关资源和活动。企业通过提高设备可利用率可以增加收益，通过优化安排维修资源可以降低成本，从而提高企业的经济效益和企业的市场竞争力。资产管理薄弱将直接导致资产流失或动迁风险，使企业资产不能发挥应有的效能。业务流程是指为达到特定的价值目标而由不同的人共同完成的一系列活动。活动之间不仅有严格的先后顺序限定，而且活动的内容、方式、责任等也都必须有明确的安排和界定，以使不同活动在不同岗位角色之间进行转手交接成为可能，它是由过程节点及执行方式有序组成的工作过程。

3. 自主创新因素

自主创新因素包括研究开发、技术投入、信息技术运用等。自主创新是通过拥有自主知识产权的独特的核心技术并在此基础上实现新产品价值的过程。自主创新能力是自主集成和应用各种技术知识并由此获得竞争优势的能力。研究开发分为研究和开发两个阶段。研究是为获取并理解新的科学或技术知识等进行的独创性的、有计划的调查，研究阶段基本是探索性的。开发是在进行商业性生产和使用前，将研究成果或其他知识应用于某项计划或设计，以生产出新的或具有实质性改进的材料、装置、产品等，开发阶段是研究阶段后的工作。研究与开发是企业持续发展的永动机，是企业生命之所在。如果企业不致力于发展新产品，就有在竞争中被淘汰的危险。努力开发新产品，对于企业的生存发展有着极为重要的意义。技术投入是指为促进技术发展而采用新技术、新工艺、新设备所进行的投入。技术是实现高新技术产品创新的核心依托，技术的前瞻性是企业在激烈的市场竞争中处于不败之地的保障。成功的技术开发活动能够使企业掌握一部分先进的成果，但技术商品化过程需要通过产品开发来实现，企业必须在平衡状态下将不同的技术结合在一起，以便使关键技术的优势能够转移到待开发的产品中，提高企业效益。信息技术运用主要包括计算机硬件和软件、网络和通信技术、应用软件开发工具等。信息技术改变了人们对空间、时间、知识的认识和理解。信息技术的普遍应用会充分挖掘人类的智力，其在企业中扮演着越来越重要的角色，能够使资产和能源更有效地被企业所利用，真正起到催化和倍增的作用。

4. 财务因素

财务因素包括财务状况、经营成果、现金流量等。财务状况表现的是企业在某一时刻经营资金的来源和分布状况，它是企业经营活动的成果在资金方面的反映。财务状况所反映的资金占用及其来源可以用来判断企业是否合理利用资源，是否节约使用资金，从而判断企业的经营状况是否良好。如果企业资金来源与其对应的资金占用比较接近，则说明企业财务状况良好；反之则较差。例如，企业未能按时偿还债务，流动资金将被不合理地占用，从而造成资金周转困难，影响企业的支付能力。经营成果反映的是企业一定时期内生产经营活动所创造的有效劳动成果的总和。好的经营成果预示着企业拥有好的发展前景，具备更高的可持续增长水平和竞争能力，丰厚的利润留存有助于增强外部投资者投资的信心，有助于企业规模的扩张和发展速度的提升，从而对企业价值的提高产生推动作用。现金流量是对企业在一定会计期间按照现金收付实现制，通过一定经济活动（包括经营活动、投资活动、筹资活动和非经常性项目）而产生的现金流入、现金流出及其总量情况的总称，即企业一定时期的现金和现金等价物的流入和流出数量。在现代企业的发展过程中，决定企业兴衰存亡的是现金流，最能反映企业本质的是现金流，在众多价值评价指标中基于现金流的评价是最具权威性的。企业只有对现金流量给予足够的重视，未雨绸缪，透过现象看本质，才能使其在企业理财中发挥作用。

5. 安全环保因素

安全环保因素包括营运安全、员工健康、环境保护等。营运安全是指利用安全产品或安全服务等提升企业营运安全能力的一系列的管理过程，包括对安全产品或安全服务的需求、设计、运行、监控、改进等。企业应将安全产品、安全服务等能力发挥到极致，构建企业营运安全防护体系，不断提升企业的营运安全防护能力。企业经济效益的高低与员工的劳动生产率息息相关。员工健康是企业发展的前提，只有身体健康，员工才能更有精力地投入本职工作中，从而为企业生产带来更多贡献。因此，企业在关注自身经济效益的同时，也要关心员工健康，这样才能为企业未来发展提供源源不断的动力。环境保护是企业可持续发展的一条必行之路，在“保护子孙后代的环境资源与安全”的大前提下，环境良心成为评价企业家是否优秀的重要标准之一。企业在利用自然资源追逐利益的同时，也应该承担起生态环境保护的基本职责，从而实现持久、可持续发展的宏愿。

第二十三条　企业识别外部风险，应当关注下列因素。

（一）经济形势、产业政策、融资环境、市场竞争、资源供给等经济因素。

（二）法律法规、监管要求等法律因素。

（三）安全稳定、文化传统、社会信用、教育水平、消费者行为等社会因素。

（四）技术进步、工艺改进等科学技术因素。

（五）自然灾害、环境状况等自然环境因素。

（六）其他有关外部风险因素。

第二十三条讲的是企业外部风险因素。

企业外部风险因素包括经济因素、法律因素、社会因素、科学技术因素、自然环境因素和其他有关外部风险因素。

1. 经济因素

经济因素包括经济形势、产业政策、融资环境、市场竞争、资源供给等。经济形势不仅要看经济增长速度，还要看就业、通货膨胀、国际收支等宏观指标的综合表现，以及经济效益、经济结构和人民生活的改善情况。产业政策是政府制定的为了实现一定的社会经济目标而对产业的形成和发展进行干预的各种政策的总和。它可以加强和改善宏观调控，有效调整和优化产业结构，提升产业素质，保持国民经济持续、快速、健康发展。融资环境是在一定的企业制度下，影响企业筹资活动的各种因素的集合。它一方面为企业的融资提供机会和条件，另一方面对企业的融资起着制约、干预甚至胁迫的消极作用。融资环境决定了企业自身能否持续获得稳定、可靠的外源融资来支持经营、投资活动的正常周转和运行。一旦企业融资环境发生不可逆转的恶化，大量到期债务无法偿还，企业将面临巨大的流动性压力，甚至触发债务违约。市场竞争是市场经济的基本特征。在市场经济条件下，企业从各自的利益出发，为取得较好的产销条件、获得更多的市场资源而不断竞争，通过竞争实现企业的优胜劣汰，进而实现生产要素的优化配置。市场竞争是指市场经济中同类经济行为主体为着自身利益的考虑，以增强自己的经济实力、排斥同类经济行为主体的相同行为的表现。资源供给是企业发展的重要来源，企业在开发资源的同时不仅要考虑资源的后续利用，还要适当考虑开发新资源，从而实现可持续发展。

2. 法律因素

法律因素包括法律法规、监管要求等。法律法规是现行有效的法律、行政法规、司法解释、地方法规、地方规章、部门规章及其他规范性文件，以及对于这些法律法规的不时修改和补充。监管要求是政府通过特定的机构对交易行为主体做出的某种限制或规定，其本质上是一种具有特定内涵和特征的政府规制行为。主管当局对企业实施全面性、经常性的检查和督促，并以此促进企业依法稳健地经营和发展。

3. 社会因素

社会因素包括安全稳定、文化传统、社会信用、教育水平、消费者行为等。安全稳定是经济稳定的前提，没有政治稳定和社会稳定，企业就无法进行正常的生产经营活动，经济就不能持续、稳定、协调地发展，这是人所共知的。文化传统是文明演化而汇集成的一种反映民族特质和风貌的文化，是各民族历史上各种思想文化、观念形态的总体表现，是区别于不同地区的显著特征，企业应当尊重当地文化特色，融入当地文化氛围。社会信用是企业发展的推动力。在市场经济条件下，日益扩展和复杂化的市场关系逐步构建起彼此相联、互相制约的信用关系。这种信用关系作为一种独立的经济关系得到充分发展，并维系着错综复杂的市场交换关系，支持并促成规范的市场秩序。教育水平是指企业员工接受教育的程度，员工的教育水平影响着企业的生存和发展。员工的教育水平高，企业的工作标准就高，工作效率也会增强，从而促进企业快速发展。消费者行为是消费者为获取、使用、处置消费物品或服务所采取的各种行动。消费者行为是与产品或服务的交换密切联系在一起的。在现代市场经济条件下，企业研究消费者行为主要着眼于与消费者建立和发展长期的交换关系。

4. 科学技术因素

科学技术因素包括技术进步、工艺改进等。科学技术是第一生产力，其已成为当代经济发展的决定因素。首先，高科技及其产业促进了劳动生产率的大幅度提高。其次，当代产品中的科技含量高度密集，极大地提高了产品的商业价值。技术进步是指技术不断发展、完善和新技术不断代替旧技术的过程。在开放经济中，技术进步的途径主要有三个方面，即技术创新、技术扩散、技术转移与引进。技术进步可以帮助企业提高生产效率和降低生产成本，帮助企业在国内和国际市场的竞争中处于优势。工艺改进是对一件物品或产品的生产流程进行改善改良，以达到效率的提高或物品的完美的效果。工艺水平的高低，直接影响着企业生产能力，生产成本和产品质量等各个方面，更影响着企业的进步与发展。

5. 自然环境因素

自然环境因素包括自然灾害、环境状况等。自然灾害是指人类依赖的自然界中所发生的异常现象，如地震、海啸、火山爆发等。自然灾害对人类社会所造成的危害往往是触目惊心的，同样，有些自然灾害的发生对企业的打击也是毁灭性的。环境状况顾名思义就是我们生活的环境的好坏情况。企业的发展影响环境，反过来环境污染对于企业的发展也造成了很大干扰，这是一个恶性循环的过程。可以说，不是企业消灭污染，就是污染消灭企业。环境状况的好坏直接影响企业的生存和发展，因此，保护环境是企业实现可持续发展的前提。

第二十四条　企业应当采用定性与定量相结合的方法，按照风险发生的可能性及其影响程度等，对识别的风险进行分析和排序，确定关注重点和优先控制的风险。

企业进行风险分析，应当充分吸收专业人员，组成风险分析团队，按照严格规范的程序开展工作，确保风险分析结果的准确性。

第二十四条讲的是风险分析，企业应重点关注以下四点。

1. 风险分析应当采用定性与定量相结合的方法

风险分析是对风险影响和后果进行评价和估量，包括定性分析和定量分析。定性分析是评估已识别风险的影响及其可能性的过程。定性风险分析的目的是利用已识别风险的发生概率、风险发生对项目目标的相应影响，以及其他因素对已识别风险的优先级别进行评价。定量分析一般应当在确定风险应对计划时再次进行，以确定项目总风险是否已经减少到满意的程度。重复进行定量风险分析反映出来的趋势可以指出需要增加还是减少风险管理措施，它是风险应对计划的一项依据，也是风险监测和控制的组成部分。一般来说，定性风险分析是一种为风险应对计划建立优先级的快捷、有效的方法，它也为定量风险分析奠定了基础。

2. 风险发生的可能性及其影响程度

风险估计是估计风险发生的可能性及其影响程度等。这就要求企业采取定性描述与定量分析相结合的方法对风险做出全面估计。风险估计是对风险的定量化分析，能够为风险决策提供可靠的科学数据。

3. 对识别的风险进行分析和排序，确定关注重点和优先控制的风险

风险评价是指在风险识别和估计的基础上，综合考虑风险发生的概率、损失幅度及其他因素，得出系统发生风险的可能性及其程度，并与公认的安全标准进行比较，确定企业的风险等级，由此决定是否需要采取控制措施，以及控制到什么程度。风险识别和估计是风险评价的基础。企业只有在充分揭示企业所面临的各种风险和风险因素的前提下，才可能作出较为精确的评价。

4. 风险分析的人员要求

风险的发生具有隐蔽性，初期是很难察觉到的。这就要求企业应当充分吸收专业人员，组成一支具备“窥一斑而知全豹”能力的风险分析团队，这支团队要能够及时感知风险的苗头，通过严格的工作程序，确保风险分析结果的准确性。

第二十五条 企业应当根据风险分析的结果，结合风险承受度，权衡风险与收益，确定风险应对策略。

企业应当合理分析、准确掌握董事、经理及其他高级管理人员、关键岗位员工的风险偏好，采取适当的控制措施，避免因个人风险偏好给企业经营带来重大损失。

第二十五条讲的是风险应对策略应当权衡风险与收益，考虑风险偏好。

收益与风险并存是现实经济世界的一大普遍现象，高风险、“高收益，低风险、低收益”的规律要求任何企业都必须在财务风险与收益之间进行权衡。风险是企业在各项业务活动中，由于各种难以预料或者无法控制的因素作用，使企业的实际收益与预计收益发生背离，从而蒙受经济损失的可能性。收益主要是指资产收益，而资产收益是指资产的价值在一定时间的增值。随着市场经济的进一步发展，企业内外部环境的变化难以预料，因此，如何控制风险和收益的均衡成为企业的重要任务。企业应通过风险分析的结果，结合风险承受度，采取适当的风险应对策略，从而给企业经营带来巨大收益。

风险偏好是指主动追求风险，喜欢收益的波动性胜于收益的稳定性的态度。不同的行为者对风险的态度是存在差异的，一部分人可能喜欢大得大失的刺激，另一部分人则可能更愿意“求稳”。企业为了保证控制措施得当，就需要对不同人群的风险偏好进行系统分析，不仅应合理分析高级管理人员风险偏好，还应掌握关键岗位员工的风险偏好，做到统筹全局。风险偏好不是某个人的偏好，也不能将某个群体风险偏好作为企业的风险偏好，否则将给企业经营带来重大损失。

第二十六条　企业应当综合运用风险规避、风险降低、风险分担和风险承受等风险应对策略，实现对风险的有效控制。

风险规避是企业对超出风险承受度的风险，通过放弃或者停止与该风险相关的业务活动以避免和减轻损失的策略。

风险降低是企业在权衡成本效益之后，准备采取适当的控制措施降低风险或者减轻损失，将风险控制在风险承受度之内的策略。

风险分担是企业准备借助他人力量，采取业务分包、购买保险等方式和适当的控制措施，将风险控制在风险承受度之内的策略。

风险承受是企业对风险承受度之内的风险，在权衡成本效益之后，不准备采取控制措施降低风险或者减轻损失的策略。

第二十六条讲的是风险应对策略种类。

风险应对策略包括风险规避、风险降低、风险分担和风险承受。

1. 风险规避

风险规避是将风险因素消除在风险发生之前，因而是一种最彻底的控制风险技术。当项目风险潜在威胁的可能性极大，并会带来严重后果且损失无法转移又不能承受时，风险规避是一种最有效的风险管理方式。

2. 风险降低

风险降低有两方面含义：一是降低风险发生的概率；二是如果风险事件发生，尽量降低其损失。这种方式比较适合风险本身是可控的情况。因此，风险降低的第一步需要权衡成本效益。在成本效益原则下，企业可以选择合适的平衡点，并与成本相结合，寻找成本的最小值作为平衡点，从而实现经济效益最大化。

3. 风险分担

风险分担是指与企业有关的各种风险要素需要以某种形式在参与者之间进行分配，从而减少风险发生概率，降低风险发生后造成的损失和风险管理成本。这种风险分担有利于项目各方责权利的合理分担，有利于参与者在项目全生命周期内注意理性和谨慎的行为，使各项目参与者能够达到互惠互利、共赢的目标。

4. 风险承受

风险承受由于不采取任何措施去干预，因此，企业在确定这个策略时应考虑两个因素：一是考虑风险承受度；二是权衡成本效益。很多人倾向于选择风险转移对策，但并不是所有风险都可以转移的，或者说将这些风险转移是不经济的。对于这些风险企业就不得不独自承受。

> 第二十七条　企业应当结合不同发展阶段和业务拓展情况，持续收集与风险变化相关的信息，进行风险识别和风险分析，及时调整风险应对策略。

第二十七条讲的是风险应对策略的及时调整。

风险应对策略不是一成不变的。企业在运行过程中，原来的风险因素可能会发生变化，同时又可能出现新的风险因素。因此，风险识别必须对企业进行跟踪，以便及时了解企业在运行过程中风险和风险因素变化的情况，进行风险识别和风险分析，从而及时调整风险应对策略。

第 5 章

控制活动：疏通工作的血脉

导读

杯酒释兵权是指宋太祖赵匡胤兵不血刃，顺利地收回兵权的历史事件。其实，赵匡胤并不是简单地请大家喝喝酒就把兵权给收回了，为了能让武将们乖乖交出手中的兵权，他可谓筹谋已久。赵匡胤当上皇帝后，便开始采取措施，严格控制禁军，频繁调遣将领，将宫廷禁军和京城布防牢牢地控制在手上。部署好这一切后，赵匡胤就找了个理由，把武将们聚集在一起喝酒，席间对武将们威逼利诱，迫使其交出兵权，回家养老。这些武将毫无防备，等明白过来为时已晚。不过，赵匡胤也开出了丰厚的条件，该赏钱的赏钱，该封爵的封爵，于是，武将们就顺势而为交出了兵权。

由此可见，成功的管理离不开方法、措施的恰当运用。企业同样应当结合风险评估的结果，合理运用相应的控制措施，将风险控制在可承受范围之内。

5.1　没有控制活动就没有管理

控制活动是什么？计划提出了管理者追求的目标，组织提供了达成这些目标的结构、人员配备和责任，领导提供了影响指挥、激励和沟通的环境，而控制活动提供了有关偏差知识以及确保实际执行与计划相符的纠偏措施。管理学中的控制活动是按照既定目标和标准，对组织活动进行监督、测量，发现偏差并分析原因，采取措施使组织活动符合既定要求的过程。控制活动可以概括为企业根据风险评估结果，采用相应的控制措施，将风险控制在可承受度之内。

控制活动有何作用？尽管计划可以制订，组织结构可以调整，员工积极性可以调动起来，仍然不能保证所有的行动都按计划按部就班地执行，不能保证管理者追求的目标一定能达到。具体而言，控制工作之所以重要，是因为环境的变化、管理权力的分散和工作能力的差异。为了使目标计划与变化的环境相适应，为了避免本位主义，保证各项活动顺利进行，为了及时发现失误，明确问题之所在，管理者需要建立控制系统，使其监控环境的变化和发展，监控各部门及各岗位的工作情况，以便自始至终地掌握下属的情况，以确保预定目标的实现。

5.2　控制活动确保具体业务沿着正确方向前行

控制活动存在于资金活动、采购业务、资产管理、销售业务、研究与开发、工程项目、担保业务、业务外包和财务报告等活动中。控制活动有助于确保管理层的指令得以执行。

在资金活动中，筹资决策不当，引发资本结构不合理或无效融资，可能导致企业筹资成本过高或出现债务危机；投资决策失误，引发盲目扩张或丧失发展机遇，可能导致资金链断裂或资金使用效益低下；资金调度不合理、营运不畅，可能导致企业陷入财务困境或资金冗余；资金活动管控不严，可能导致资金被挪用、侵占、抽逃等。因此，企业应根据自身发展战略，科学确定投融资目标和规划，完善严格的资金授权、批准、审验等相关管理制度，加强资金活动的集中归口管理，明确筹资、投资、营运等各环节的职责权限和岗位分离要求，定期或不定期检查和评价资金活动情况，落实责任追究制度，确保资金安全和有效运行。

在采购业务中，采购计划安排不合理，市场变化趋势预测不准确，造成库存短缺或积压，可能导致企业生产停滞或资源浪费，供应商选择不当，采购方式不合理，招投标或定价机制不科学，授权审批不规范，可能导致采购物资质次价高，出现舞弊或遭受欺诈；采购验收不规范，付款审核不严，可能导致采购物资、资金损失或信用受损。因此，企业应结合实际情况，全面梳理采购业务流程，完善采购业务相关管理制度，统筹安排采购计划，明确请购、审批、购买、验收、付款、采购后评估等环节的职责和审批权限，按照规定的审批权限和程序办理采购业务，建立价格监督机制，定期检查和评价采购过程中的薄弱环节，采取有效控制措施，确保物资采购满足企业生产经营需要。

在资产管理中，存货积压或短缺，可能导致流动资金占用过量、存货价值贬损或生产中断；固定资产更新改造不够、使用效能低下、维护不当、产能过剩，可能导致企业缺乏竞争力、资产价值贬损、安全事故频发或资源浪费；无形资产缺乏核心技术、权属不清、技术落后、存在重大技术安全隐患，可能导致企业发生法律纠纷、缺乏可持续发展能力。因此，企业应加强各项资产管理，全面梳理资产管理流程，及时发现资产管理中的薄弱环节，切实采取有效措施加以改进，并关注资产减值迹象，合理确认资产减值损失，不断提高企业资产管理水平。

在销售业务中，销售政策和策略不当，市场预测不准确，销售渠道管理不当等，可能导致销售不畅、库存积压、经营难以为继；客户信用管理不到位，结算方式选择不当，账款回收不力等，可能导致销售款项不能收回或遭受欺诈；销售过程存在舞弊行为，可能导致企业利益受损。因此，企业应结合实际情况，全面梳理销售业务流程，完善销售业务相关管理制度，确定适当的销售政策和策略，明确销售、发货、收款等环节的职责和审批权限，按照规定的权限和程序办理销售业务，定期检查分析销售过程中的薄弱环节，采取有效控制措施，确保实现销售目标。

在研究与开发中，研究项目未经科学论证或论证不充分，可能导致创新不足或资源浪费；研发人员配备不合理或研发过程管理不善，可能导致研发成本过高、出现舞弊或研发失败；研究成果转化应用不足、保护措施不力，可能导致企业利益受损。因此，企业应重视研发工作，根据发展战略，结合市场开拓和技术进步要求，科学制订研发计划，强化研发全过程管理，规范研发行为，促进研发成果的转化和有效利用，不断提升企业自主创新能力。

在工程项目中，立项缺乏可行性研究或者可行性研究流于形式，决策不当，盲目上马，可能导致难以实现预期效益或项目失败；项目招标暗箱操作，存在商业贿赂，可能导致中标人实质上难以承担工程项目、中标价格失实及相关人员涉案；工程造价信息不对称，技术方案不落实，概预算脱离实际，可能导致项目投资失控；工程物资质次价高，工程监理不到位，项目资金不落实，可能导致工程质量低劣，进度延迟或中断；竣工验收不规范，最终把关不严，可能导致工程交付使用后存在重大隐患。因此，企业应建立和完善工程项目各项管理制度，全面梳理各个环节可能存在的风险点，规范工程立项、招标、造价、建设、验收等环节的工作流程，明确相关部门和岗位的职责权限，做到可行性研究与决策、概预算编制与审核、项目实施与价款支付、竣工决算与审计等不相容职务相互分离，强化工程建设全过程的监控，确保工程项目的质量、进度和资金安全。

在担保业务中，对担保申请人的资信状况调查不深，审批不严或越权审批，可能导致企业担保决策失误或遭受欺诈；对被担保人出现财务困难或经营陷入困境等状况监控不力，应对措施不当，可能导致企业承担法律责任；担保过程中存在舞弊行为，可能导致经办审批等相关人员涉案或企业利益受损。因此，企业应依法制定和完善担保业务政策及相关管理制度，明确担保的对象、范围、方式、条件、程序、担保限额和禁止担保等事项，规范调查评估、审核批准、担保执行等环节的工作流程，按照政策、制度、流程办理担保业务，定期检查担保政策的执行情况及效果，切实防范担保业务风险。

在业务外包中，外包范围和价格确定不合理，承包方选择不当，可能导致企业遭受损失；业务外包监控不严、服务质量低劣，可能导致企业难以发挥业务外包的优势；业务外包存在商业贿赂等舞弊行为，可能导致企业相关人员涉案。因此，企业应建立和完善业务外包管理制度，规定业务外包的范围、方式、条件、程序和实施等相关内容，明确相关部门和岗位的职责权限，强化业务外包全过程的监控，防范外包风险，充分发挥业务外包的优势。企业应当权衡利弊，避免核心业务外包。

在财务报告中，编制报告违反会计法律法规和国家统一的会计准则与制度，可能导致企业承担法律责任和声誉受损；提供虚假报告，可能导致误导报告使用者，造成决策失误，干扰市场秩序；不能有效利用报告，难以及时发现企业经营管理中存在的问题，可能导致企业和经营风险失控。因此，企业应严格执行会计法律法规和国家统一的会计准则与制度，加强对报告编制、对外提供和分析利用全过程的管理，明确相关工作流程和要求，落实责任制，确保报告合法合规、真实完整和有效利用。总会计师或分管会计工作的负责人负责组织领导报告的编制、对外提供和分析利用等相关工作。企业负责人对报告的真实性、完整性负责。

5.3 控制措施有助于控制目标的实现

控制措施是指企业根据风险评估结果，结合风险应对策略，确保内部控制目标得以实现的方法和手段。控制措施一般包括不相容职务分离控制、授权审批控制、会计系统控制、财产保护控制、预算控制、运营分析控制和绩效考评控制等。

不相容职务分离控制要求企业全面系统地分析、梳理业务流程中所涉及的不相容职务，实施相应的分离措施，形成各司其职、各负其责、相互制约的工作机制。

授权审批控制要求企业根据常规授权和特别授权的规定，明确各岗位办理业务和事项的权限范围、审批程序和相应责任。企业应当编制常规授权的权限指引，规范特别授权的范围、权限、程序和责任，严格控制特别授权。常规授权是指企业在日常经营管理活动中按照既定的职责和程序进行的授权。特别授权是指企业在特殊情况、特定条件下进行的授权。企业各级管理人员应当在授权范围内行使职权和承担责任。企业对重大的业务和事项，应当实行集体决策审批或者联签制度，任何个人不得单独进行决策或者擅自改变集体决策。管理层在授权时，合理把握授权的“度”至关重要，应做到既能保证经营决策有效运作、管理制度有效贯彻，又能保证权力制衡得到落实。

会计系统控制要求企业严格执行国家统一的会计准则和制度，加强会计基础工作，明确会计凭证、会计账簿和财务会计报告的处理程序，保证会计资料真实完整。企业应当依法设置会计机构，配备会计从业人员。会计机构负责人应当具备会计师以上专业技术职务资格。大中型企业应当设置总会计师。设置总会计师的企业，不得设置与其职权重叠的副职。

财产保护控制要求企业建立财产日常管理制度和定期清查制度，采取财产记录、实物保管、定期盘点、账实核对等措施，确保财产安全。企业应当严格限制未经授权的人员接触和处置财产。

预算控制要求企业实施全面预算管理制度，明确各责任单位在预算管理中的职责权限，规范预算的编制、审定、下达和执行程序，强化预算约束。

运营分析控制要求企业建立运营情况分析制度，经理层应当综合运用生产、购销、投资、筹资、财务等方面的信息，通过因素分析、对比分析、趋势分析等方法，定期开展运营情况分析，发现存在的问题，及时查明原因并加以解决。

绩效考评控制要求企业建立和实施绩效考评制度，科学设置考核指标体系，对企业内部各责任单位和全体员工的业绩进行定期考核和客观评价，将考评结果作为确定员工薪酬以及职务晋升、评优、降级、调岗、辞退等的依据。

企业应当根据内部控制目标，结合风险应对策略，综合运用控制措施，对各种业务和事项实施有效控制。企业应当建立重大风险预警机制和突发事件应急处理机制，明确风险预警标准，对可能发生的重大风险或突发事件，制定应急预案、明确责任人员、规范处置程序，确保突发事件得到及时妥善处理。

5.4 案例：控制措施不到位，三人可结盟

5.4.1 基本案情

2014 年 10 月，全球领先的制造业解决方案供应商 QAD 公司与东风本田汽车零部件有限公司（以下简称东风本田）正式签约，东风本田采用 QAD 公司的 EE 版本汽车行业系统，使管理水平得到全面提升。该系统通过导入集成的信息系统，规范业务流程，实现管理精益化，从而达到提高公司总体工作效率的目的。新系统的引入并不是简单地将现有业务流程系统化，而是要实现公司业务流程的合理改善。业务流程调整是一项缜密的工作，稍有不慎就可能会造成巨大损失。在新系统上线的初始阶段，随着对系统的使用，熟谙业务流程的韩某马上察觉出系统的漏洞。作为一名财务会计科的成本核算人员，他并没有选择及时上报漏洞，为公司堵塞漏洞，而是选择了钻漏洞的空子。

虽然系统有漏洞，但是业务流程中相互制约、相互监督的制衡性原则也是不容小觑的。因此，韩某在积极寻找盟友。他第一个瞄准的目标是采购科稽核管理员方某，方某于 2008 年加入东风本田，工作经验丰富，是采购环节舞弊的最佳人选。韩某与方某一拍即合，处心积虑地设计出一个虚构采购业务、套取公司资金的方案。在执行过程中，他们发现单靠内部力量无法达到以假乱真的效果，这个方案需要里应外合才能真正奏效。于是他们又从供应商下手，寻觅盟友，最后找到了周某。由于正处于流动资金短缺的窘境，周某面对这笔“事成之后三方均分”的意外之财，自然是欣然同意。

三人利用自己的职务之便开始实施方案。在采购环节，方某利用自己采购人员的身份，负责将生成的虚拟采购入库清单提供给供应商周某，周某根据清单虚开增值税专用发票交给方某，采购环节顺利完成。在报销环节，方某则利用新系统进行虚拟挂账，韩某利用财务人员身份操作“审核通过”，从而确认虚拟存货，生成采购应付账款。之后，方某通过“复制”之前的审批签字字迹，伪造虚假付款审批单据，并与入库清单等资料一起交由韩某处理，进入财务审批付款环节。最后，收到“货款”的供应商周某，按照约定扣税后将非法所得分给韩某、方某二人。第一次作案得手后，韩、方二人尝到了甜头，为了获取更大的利益，韩某与方某二人迅速扩大“结盟”供应商范围。2015 年 7 月至 2019 年 3 月，韩某和方某伙同数家供应商，在没有实际供货的情况下，骗取公司资金 2 500 余万元，两人各自分得 740 余万元。

2020 年 8 月，经广东省惠州市大亚湾经济技术开发区人民法院审理，判处韩某有期徒刑 11 年 6 个月，方某有期徒刑 11 年，涉案供应商均被判处 3~6 年有期徒刑。

5.4.2　案例分析

东风本田内部控制存在以下问题。

1. 不相容职务未分离

一般而言，企业正常的采购流程包括采购申请、供应商选择、下单、验收、入库、付款等一系列环节。在办理入库手续前，应有不同岗位人员参与各环节工作，相互制衡，在确保采购物资的必要性与合理性，以及验收入库物资的真实性与符合性后生成入库清单。但是，案例中的采购人员方某按莫须有的需求独立办理存货虚拟入库，生成入库清单，说明企业采购业务存在不相容职务未分离的情况，为其虚构采购业务提供了机会。企业应当全面梳理现有采购相关业务流程，识别关键、高风险岗位，按照岗位制衡机制，合理、科学地设置岗位，保证不得由同一部门或个人办理存货、固定资产、服务采购业务的全过程，不得由一人办理货币资金业务的全过程等。

2. 缺乏关键岗位轮岗机制

采购类岗位往往是企业的关键岗位，方某从 2008 年入职到案发，在采购科稽核管理员岗位上一干就是 11 年，对企业采购方面的显性流程与隐性流程都十分熟悉，也了解企业内部管理薄弱环节。如果企业能够对此类岗位采取定期轮岗机制，就能最大限度地减少这种舞弊事件的发生。企业应综合考虑岗位的特殊性等因素，制订轮岗计划，明确轮岗范围、轮岗人员名单、轮换方式、轮换时间等。企业还可以要求轮岗工作交接需在相关负责人监督下办理具体手续，从而起到突击检查的作用。

3. 供应商评估不到位

2015 年韩某、方某找到第一位“合作”供应商周某时，周某正处于资金周转困难时期，但是东风本田在对合格供应商管理过程中并未识别出周某的资金窘境，这也使韩某、方某的方案得以顺利实施。企业应定期组织供应商评估，在评估时，除了关注供应商价格、品质、交货期和服务水平等核心指标外，还应关注供应商的财务、经营情况以及负面信息与舆情，从而预防供应商履约、舞弊风险以及其他供应商风险。企业对在定期评估中识别的供应商风险，应采取相应的应对措施：若评估认定会直接影响供应商履约，应该立即考虑确定候选供应商并与原供应商终止合作；若评估后认为可能会影响正常履约，则需进一步了解沟通后确定后续应对措施；若评估后认为识别的风险不足以影响履约，也应按程序将相关情况及时上报，并慎重考虑后续的续约事宜，防止可能的风险与不正当利益输送。

4. 未实施有效的对账、盘点机制

财务人员韩某、采购人员方某与外部供应商勾结，虚构采购业务，从而将企业资金以支付虚假采购款的方式转移出去。但是在其作案的 3 年多时间里，企业并未通过有效的往来款对账机制发现问题，也未能识别出虚拟采购业务虚增库存的问题，最终导致涉案金额达到 2 500 余万元，给企业造成巨大损失。企业核对存货账实是否相符的有效方式是进行存货盘点，为了提升盘点的效率与效果，企业在盘点前应制订盘点计划，确定盘点范围、人员、程序等，保证盘点存货无遗漏、无重复，确保盘点结果的准确、可靠。企业还应定期发起对采购应付账款的对账，根据采购单据、应付明细账等信息与供应商逐项核对，确保余额一致、发生额清晰，重点识别虚拟挂账等情况，发现异常及时查明原因，落实责任与整改措施。

东风本田员工里外串通、虚构业务套取企业的资金，反映出采购管理存在相关岗位设置、供应商评估、应付款对账与存货盘点方面的问题。企业应梳理相关业务流程，确保不相容职务分离与关键岗位规范轮岗，在此基础上，充分利用供应商定期评估机制识别风险，及时采取应对措施，并强化存货盘点清查与采购应付账款对账工作，保证相关信息记录的准确性。

5.5 案例："兴企"到"毁企"仅一步之遥

5.5.1 基本案情

三九企业集团（以下简称三九集团）是以生命健康产业为主业，以医药业为中心，以中药现代化为重点的大型企业集团。集团组建于1991年12月，由原国家经贸委、原中国人民解放军总后勤部批准成立，其前身是深圳南方制药厂。以三九医药、三九生化和三九发展为一体的三九集团在1994年一跃成为国内最大的药业集团，由赵新先担任董事长兼总裁，并确立了"以我为主"的指导思想。1997年，通过设立健康网，三九集团开始进军网络市场，而随着免煎中药的推出，赵新成又设定了在全国成立上万家连锁店的目标。1998年，三九集团的产值从1992年的16亿元迅速发展到了153亿元，成为国内医药企业的领头羊。2000年，三九医药成功上市，募集资金近17亿元，通过一番令人眼花缭乱的资本运作，三九集团到达发展的最高峰，横跨8个产业，控制3家上市公司，成为国内的医药巨头。然而到2003年年底，三九集团及其下属公司欠银行98亿元。2004年4月，三九医药发出公告："因工商银行要求提前偿还3.74亿元的贷款，目前公司大股东三九药业及三九集团所持及的公司部分股权已被司法机关冻结。"对于企业来说，银行信用的破产几乎是致命的。至此，整个三九集团的财务危机全面爆发。2004年7月，经国务院批准，有关各方开始对三九集团实施债务重组。2005年年初，新班子上任后，三九集团即进行了内部审计，对旗下子公司的财务情况进行全面巡检，调查揭露多起三九集团下属公司的贪污腐败案件。2007年6月，赵新先和其他三名前三九集团高管因"国有公司、企业、事业单位人员滥用职权罪”获刑。国有公司、企业、事业单位人员滥用职权罪是指国有公司、企业的工作人员，由于严重不负责任或者滥用职权，造成国有公司、企业破产或者严重亏损，致使国家利益遭受重大损失，以及国有事业单位的工作人员由于严重不负责任或者滥用职权，致使国家利益遭受重大损失的行为。案由是赵新先等人在 2000 年决策收购香港昌腾公司股权，进而控股位于深圳龙岗区的梅沙海景高尔夫项目时，“未做评估、未经集团党委讨论、未报上级审批，未进行可行性论证的情况下，超越职权决定或积极推动涉案股权收购协议的签订、履行，致使三九企业遭受重大损失，造成了恶劣影响”。值得注意的是，此次判刑意味着赵新先等人的问题在于管理，而非个人经济问题。曾经“四十年如一日，为我国的医药事业，为三九集团的发展，做出突出贡献”的赵新先，为什么会在退休两年多后又身陷囹圄？

5.5.2　案例分析

三九集团在管理上存在以下问题。

1. 个人创业色彩浓厚

三九集团的发展与辉煌，离不开赵新先。很多了解赵新先的人都这样评价他：志向宏伟，行事果敢。正是这种敢想敢干的性格，促使赵新先从一名医者变成了一名企业家。他的事业从医药业起步，但却没有止步于医药业。赵新先凭借过人的胆识，以“未来公司产权主体多元化”为主旨，将产业扩大到了地产、酒店、商业等各个社会的热点行业。他用 19 年的时间，将一个制药厂，打造成了一个资产超过 200 亿元、有 400 多家子公司的企业集团。

三九集团虽然是直属国资委的中央企业，但却带有浓厚的个人创业色彩。在赵新先眼里，三九集团更像自己的孩子，他认为“孩子”对自己言听计从是理所应当的。他在三九集团内部推行三九机制。其核心是实行法人代表负责制，精简机构和领导，各部门均不设副职，领导班子由一个人全权负责，没有副手，责任明确，以提高办事效率。同时实行“四能”管理机制，即“干部能上能下；机构能设能撤；职工能进能出；工资能高能低”；实行“以岗位工资＋效益工资为主体的按劳取酬、按责领薪、按利分红”的工资分配制度，用利益动力来调动企业和个人的积极性。这对三九集团早期的快速发展十分有利，但这也意味着赵新先成为无人监督的“三九教父”。

2. 权力过于集中

自三九集团创立以来，赵新先一直担任三九集团党委书记、总裁、董事长以及监事会主席，集所有权力于一身，对集团有着绝对控制权。对于关乎企业生存的战略制定问题，三九集团虽然成立了以专家为主体的战略委员会，但实际上，真正决定企业经营战略的也是赵新先一人。随着企业规模的逐渐扩大、企业内外部环境和经营决策的逐步复杂化，这种仅依靠一个人来决策的弊端就逐渐显露出来。独裁决定机制无法满足对每一步决策都做出正确、全面、深层的判断，这直接导致了“三九大厦”的彻底崩塌。

3. 控制活动相当混乱

控制活动是建立与实施有效内部控制的重要手段。控制活动是一个需要持之以恒、与时俱进、不断创新的长期而又艰苦的工作过程。截至危机爆发，三九集团约400多家公司，实行五级公司管理体系，其三级以下公司的财务管理已严重失控。由于三九集团内部一直奉行"一个人说了算"的决策和管理机制，以至于到后期作为一把手的赵新先自己都不清楚下属有多少公司，经营情况如何。集团董事不重视财务管理，用人不当，内部监督控制制度没有落实到位，导致集团内部信息不对称；经营范围过宽，规模过大，反而使集团管理失控，资源无法优化配置，经营决策无法有效实施，出现许多浪费和错误投向。由此可见，企业相关部门的管理混乱，会使得企业无法形成良好的运行体制。

没有制衡的权力是可怕的，企业的决策权力过分集中，集权者就能决定企业的命脉。赵新先是三九集团的创始人，他带领企业走向辉煌，也将企业带进了陷阱。如果以制度为纲，各方严格执行，任何人都不能凌驾于制度之上，那么控制活动不会流于形式，三九集团会走得更远。

5.6　规范详解

本章主要讲解了控制活动的相关内容，涉及《企业内部控制基本规范》的第二十八条至第三十七条。下面对相关法规进行详细讲解。

> 第二十八条　企业应当结合风险评估结果，通过手工控制与自动控制、预防性控制与发现性控制相结合的方法，运用相应的控制措施，将风险控制在可承受度之内。
>
> 控制措施一般包括：不相容职务分离控制、授权审批控制、会计系统控制、财产保护控制、预算控制、运营分析控制和绩效考评控制等。

第二十八条讲的是控制措施。

控制措施的依据是风险评估结果，风险评估是量化测评某一事件或事物带来的影响或损失的可能程度。控制措施的方法包括手工控制与自动控制、预防性控制与发现性控制。自动控制更易于对大流量的交易和数据进行处理，同时，因为计算机具有一贯的逻辑性，从而可以提高自动控制的信息及时性和准确性，更易于获取信息，也不容易被绕过。但是至今为止，计算机的自动系统还不能完全替代人为的手工控制，因此，企业相关控制一般为自动控制与手工控制同时进行，共同存在。预防性控制是为了避免产生错误或尽量减少今后的更正性活动，防止资金、时间或其他资源的损耗而采取的一种预防保证措施。发现性控制是为发现非预期事项或结果而实施的控制。预防性控制和发现性控制最核心的区别就是一个是事前、一个是事后，也就是事前防御和事后检查。相对来说，预防控制比发现性控制更具有优势，因为它不会让问题发生。控制措施的目标是将风险控制在可承受度之内。企业风险承受能力是在特定的内外环境影响下，企业运用自身及外在资源，保证在风险事件发生时仍能正常运营而不至偏离原来的正常经营状态甚至破产倒闭的能力。企业风险控制的目标就是使风险降低到企业可以接受的程度，保证企业在风险发生时不至于影响正常的业务运作。

控制措施包括七个方面：不相容职务分离控制、授权审批控制、会计系统控制、财产保护控制、预算控制、运营分析控制和绩效考评控制。

> 第二十九条　不相容职务分离控制要求企业全面系统地分析、梳理业务流程中所涉及的不相容职务，实施相应的分离措施，形成各司其职、各负其责、相互制约的工作机制。

第二十九条讲的是不相容职务分离控制。

首先，企业应全面系统地分析、梳理业务流程中所涉及的不相容职务。不相容职务是指那些如果由一个人担任，既可能发生错误和舞弊行为，又可能掩盖其错误和弊端行为的职务。一般情况下，单位的经济业务活动通常可以划分为授权、签发、核准、执行和记录五个步骤。如果上述每一步都有相对独立的人员或部门分别实施或执行，就能够保证不相容职务的分离，从而便于内部控制发挥作用。

其次，企业应实施相应的分离措施。不相容职务分离是为了规范企业的业务活动，堵塞漏洞，消除隐患，防止并及时发现、纠正错误及舞弊行为，保护企业的资产安全完整。授权进行某项经济业务和执行该项业务的职务要分离，如有权决定或审批材料采购的人员不能同时兼任采购员职务；执行某些经济业务和审核这些经济业务的职务要分离，如填写销货发票的人员不能兼任审核人员；执行某项经济业务和记录该项业务的职务要分离，如销货人员不能同时兼任会计记账工作；保管某些财产物资和对其进行记录的职务要分离，如会计部门的出纳员与记账员要分离，不能兼任；保管某些财产物资和核对实存数与账存数的职务要分离；记录明细账和记录总账的职务要分离；登记日记账和登记总账的职务要分离。不相容职务分离措施应当随着外部环境的变化、企业业务职能的调整和管理水平的提高不断修订和完善。

最后，企业应形成职责明确、相互制约的工作机制。不相容职务分离应当保证企业内部工作岗位的合理设置及其职责权限的合理划分，确保各岗位之间的权责分明、相互制约、相互监督。

不相容职务分离控制是企业内部控制有效性保障的首要措施，是提高经营效率、保护财产安全及提高会计数据可靠性的重要保障，是防范内部错误和舞弊的主要手段。不相容职务分离的核心是“内部牵制”，它要求每项经济业务都要经过两个或两个以上的部门或人员的处理，使得单个人或部门的工作必须与其他人或部门的工作相一致或相联系，并受其监督和制约。

第三十条　授权审批控制要求企业根据常规授权和特别授权的规定，明确各岗位办理业务和事项的权限范围、审批程序和相应责任。

企业应当编制常规授权的权限指引，规范特别授权的范围、权限、程序和责任，严格控制特别授权。常规授权是指企业在日常经营管理活动中按照既定的职责和程序进行的授权。特别授权是指企业在特殊情况、特定条件下进行的授权。

企业各级管理人员应当在授权范围内行使职权和承担责任。

企业对于重大的业务和事项，应当实行集体决策审批或者联签制度，任何个人不得单独进行决策或者擅自改变集体决策。

第三十条讲的是授权审批控制。

首先，企业应制定相关规定。授权审批控制是在职务分离控制的基础上，由企业权力机构或上级管理者明确规定有关业务经办人员的职责范围和业务处理权限与责任，所有的业务经办人员在其职责范围和业务处理权限以内，不需请示便可处理业务，这样可以尽快地进行业务处理，避免发生推诿现象。同时，授权控制也要求明确各级管理人员所承担的责任，使他们对自己的业务处理行为负责，以加强其工作的责任心。授权审批形式可分为常规授权和特别授权，企业在进行授权控制时，应该恰当地确定常规授权和特别授权的范围。

其次，企业应编制常规授权的权限指引。常规授权是指企业在日常经营管理活动中按照既定的职责和程序进行的授权。常规授权的范围不宜太大，也不可太小，如果常规授权的范围太大，会使企业领导失去对重要业务的控制，从而使企业面临较大的经营风险。反之，如果常规授权范围过小，凡事需要请示、批准，使常规授权名存实亡，则会削弱管理人员的工作积极性和责任心，从而对企业经营管理产生不利影响。企业应根据生产经营实际情况建立授权审批体系，编制常规授权的权限指引，做到事事有据可依、程序清晰、授权清晰，提高企业授权审批控制的质量。

最后，企业应规范特别授权。特别授权是授予相关人员处理超出常规授权范围的特殊业务的权限，它是企业在特殊情况、特定条件下进行的授权。相对于常规授权来说，特别授权一般是临时的、应急性的，因此它的有效性是暂时的。企业在特别授权中应明确特定经济业务处理的具体条件和具体操作人员等，管理层通过逐个审批的方式，达到对特殊经济业务的授权控制。

企业各级管理人员应当在授权范围内行使职权和承担责任。在授权审批控制过程中，企业要秉承着在事项发生之前审批的原则，审批过程要做到留痕的原则，越权要接受惩罚的原则。同时，企业重大的业务和事项应当实行集体决策审批或者联签制度，任何个人不得单独进行决策或者擅自改变集体决策。

第三十一条　会计系统控制要求企业严格执行国家统一的会计准则制度，加强会计基础工作，明确会计凭证、会计账簿和财务会计报告的处理程序，保证会计资料真实完整。

企业应当依法设置会计机构，配备会计从业人员。从事会计工作的人员，必须取得会计从业资格证书。会计机构负责人应当具备会计师以上专业技术职务资格。

大中型企业应当设置总会计师。设置总会计师的企业，不得设置与其职权重叠的副职。

第三十一条讲的是会计系统控制，具体包括以下几点要求。

首先，会计资料真实完整。可以说，内部控制制度是会计信息真实、可靠的保障和前提。会计系统控制是指通过会计的核算和监督系统所进行的控制，主要包括会计凭证控制、复式记账控制、会计账簿控制、会计报表控制及其财务成果控制。企业的会计系统为企业提供成本信息、营运信息、生产信息、库存信息等，因此，加强会计系统控制是十分必要的。企业应当按照会计法律法规和国家统一的会计控制规范，对会计主体发生的各项经济业务进行记录、归集、分类和编报，完善会计业务的处理流程，充分发挥会计系统的控制职能。会计控制系统的完善，可以保证财产物资的安全完整，提高会计资料的准确性和可靠性。

其次，依法设置会计机构并配备专职会计人员。会计机构是企业办理会计事务的职能部门。企业应当根据会计业务的需要设置会计机构，或者在有关机构中设置会计人员并指定会计主管人员。会计机构的主要任务包括：组织、指导、监督所属单位的会计工作；审核、汇总所属单位上报的会计报表；核算本单位和上下级之间缴款、拨款等事项。会计机构应遵循合规合法原则，全员性原则，全面性与系统性结合原则，权责明确、相互制衡原则，成本效益原则和动态性原则。为保证顺利、有效地完成任务，达到预期的会计目标，会计机构内部应进行合理的分工，按照会计核算的流程设置责任岗位，配备会计人员。会计人员是具体承担一个单位会计工作的人员，是从事会计工作的专职人员。会计工作专业性很强，对从业人员的胜任能力有严格要求，这主要体现在对不同层次会计人员的从业资格的认定上。一般会计工作人员应取得会计从业资格证书。会计机构负责人是企业内具体负责会计工作的中层领导人员，通常由企业负责人提名并报董事会或其他权力机构批准，其主要工作是组织、领导会计机构或会计人员依法进行会计核算，负责实行会计监督，因此，对其专业性也提出了更高要求，会计机构负责人应具备会计师以上专业技术职务资格。

最后，明确总会计师的具体要求。总会计师是企业中主管经济核算和财务会计工作的负责人。作为总会计师，不仅要求具有较高的、扎实的财务会计理论知识，还应该具有独立、全面地组织领导本企业的财务会计工作、协调处理各方面关系的能力和经验。总会计师不仅是专业人才，更是企业高层次管理和决策人员。总会计师协助企业主要行政领导人员工作，直接对企业主要行政领导人负责。所以，总会计师不是一种专业技术职务，也不是会计机构的负责人或会计主管人员，而是一种行政职务。在一些大、中型国有企业实行总会计师制度，有利于加强经济核算和会计管理。

第三十二条　财产保护控制要求企业建立财产日常管理制度和定期清查制度，采取财产记录、实物保管、定期盘点、账实核对等措施，确保财产安全。

企业应当严格限制未经授权的人员接触和处置财产。

第三十二条讲的是财产保护控制。

财产保护控制是指保护资产不被偷盗或未经许可而获得或被使用的措施和程序。企业的财产是指企业拥有或控制的、用于经营管理活动且与取得应纳税所得有关的资产，包括现金、银行存款、应收款项及预付款项（包括应收票据）、存货、投资（包括委托贷款、委托理财）、固定资产、无形资产（不包括商誉）和其他资产。

为了加强企业财产管理，企业应建立财产日常管理制度和定期清查制度，采取财产记录、实物保管、定期盘点、账实核对等措施，确保资产安全完整。财产记录是指对企业财产一一登记记录，以便了解企业各类财产的体系及情况。财产记录可以通过物理或电子方式进行维护。实物保管是指在产品生产过程中对物资流动情况的管理，即对原材料、半成品及成品的数量、存放、运输、保管所进行的管理。定期盘点是指每隔一定的时间间隔对财产进行一次盘点，目的是掌握财产流动情况而进行数量核对。定期盘点的工作原则在于真实性、准确性、完整性，要求所有的资料都必须是真实有效的。通过定期盘点工作能够加强企业对于财产的管理，明确相关人员的责任，规避一些负面情况。账实核对是指将企业各种财产物资的账面余额与实存数额进行核对，主要内容包括：现金日记账的账面余额应每天与现金实际库存数额相核对；银行存款日记账的账面余额与开户银行账目相核对；材料、库存商品、固定资产等财产物资明细分类账期末余额与其实有数量相核对；应收账款、应付账款、银行借款等结算款项同有关企业定期核对。

企业应严格限制未经授权的人员对财产的直接接触和处置。一般情况下，对货币资金、有价证券、贵重物品、存货等变现能力强的资产必须限制无关人员的直接接触，避免财产受损、被盗、被毁。

> 第三十三条 预算控制要求企业实施全面预算管理制度，明确各责任单位在预算管理中的职责权限，规范预算的编制、审定、下达和执行程序，强化预算约束。

第三十三条讲的是预算控制。

全面预算管理制度是为了加强企业全面预算管理工作，减少经营风险，使生产经营活动有序化而制定的，它可以提高管理工作的效率和效益，从而全面提高企业整体的经济效益。

预算控制是管理控制中使用最广泛的一种控制方法。预算控制清楚地表明了计划与控制的紧密联系，即预算是计划的数量表现。预算的编制是作为计划过程的一部分开始的，而预算本身又是计划过程的终点，是转化为控制标准的计划。它强化了对经济活动的预算约束，使预算管理贯穿于企业经济活动的全过程。

企业的预算编制应当清晰，对预算编制方法、审批程序应当有明确规定。企业应当加强对预算编制环节的控制，对编制依据、编制程序、编制方法等做出明确规定，确保预算编制依据合理、程序适当、方法科学。同时，企业还应当加强对预算执行环节的控制，对预算指标的分解、预算执行责任制的建立、重大预算项目的特别关注、预算资金支出的审批要求、各预算责任部门的预算执行、预算执行情况的报告等做出明确规定，确保预算的严格执行。企业应当重视预算控制工作，将预算作为制定、落实内部经济责任制的依据。

第三十四条　运营分析控制要求企业建立运营情况分析制度，经理层应当综合运用生产、购销、投资、筹资、财务等方面的信息，通过因素分析、对比分析、趋势分析等方法，定期开展运营情况分析，发现存在的问题，及时查明原因并加以改进。

第三十四条讲的是运营分析控制。

运营分析制度有助于加强对企业经营情况的监测和调控，及时发现经营管理中存在的问题，规范运营分析活动，充分发挥运营分析在经营过程中的重要作用及指导意义。

运营分析的主体是经理层。企业营运能力分析就是要通过对反映企业资产营运效率与效益的指标进行计算与分析，评价企业的营运能力，为企业提高经济效益指明方向。运营状况包含的内容非常丰富，它是对企业各种情况的综合概括，具体包括企业筹资能力、偿债能力、营运能力、资产管理水平、盈利能力等。因此，企业需要收集生产、购销、投资、筹资、财务等方面的信息，为下一步的运营分析打下基础。分析方法包括因素分析、对比分析、趋势分析等方法。因素分析是依据分析指标与其影响因素之间的关系，按照一定的程序和方法，确定各因素对分析指标差异的影响程度的一种分析方法。对比分析是通过实际数与基数的对比来提示实际数与基数之间的差异，借以了解经济活动的成绩和问题的一种分析方法。趋势分析通过对有关指标的各期对基期的变化趋势的分析，从中发现问题，确定引起企业财务状况和经营成果变动的主要原因，预测企业未来的发展趋势。定期开展运营情况分析，有助于企业防控风险，提高管理水平，提升经营效益，促进企业实现发展战略，实现高质量、可持续发展。运营情况分析不同于一般的工作总结。工作总结是面向过去的工作情况，而运营分析的任务是查找问题、分析原因、改进工作，所以它是面向未来的。运营分析应突出问题意识，坚持问题导向。只有盯着问题不放，不解决不罢休，才能真正达到运营分析的目的。

第三十五条　绩效考评控制要求企业建立和实施绩效考评制度，科学设置考核指标体系，对企业内部各责任单位和全体员工的业绩进行定期考核和客观评价，将考评结果作为确定员工薪酬以及职务晋升、评优、降级、调岗、辞退等的依据。

第三十五条讲的是绩效考评控制。

绩效考评制度是指对照工作目标或绩效标准，采用一定的考评方法，评定员工的工作任务完成情况、员工的工作职责履行程度和员工的发展情况，并将上述评定结果反馈给员工的一种制度。考评的最终目的是改善员工的工作表现，以达到企业的经营目标，并提高员工的满意程度和成就感。

首先，企业应科学设置考核指标体系。考核指标体系作为考核指标的集合，指标之间应既独立又相互联系，能够有效地、完整地表达绩效考核的目的，客观地评价考核对象的工作状况。考核指标体系以定量指标为主、定性指标为辅。定量指标有清晰明确的量化标准，在考核中能够更加直观、准确地评估考核对象的实际工作情况，避免定性指标造成的主观误差，尽可能地运用一些数字工具对定性指标进行恰当处理，从而提高考核结果的准确性。考核指标体系应做到少而精。过于复杂的指标体系不仅不能准确地评估员工的真实绩效情况，还会分散关键绩效指标的权重，造成考核结果的不平衡。而结构简单、重点突出的考核指标体系不仅能够缩短考核数据的处理过程，降低企业的绩效管理成本，而且能够抓住对企业战略发展起决定作用的那部分指标，有目的地对员工进行绩效考核，激励员工的关键绩效行为。考核指标体系还应做到目标一致性。考核指标体系是企业中相互联系的各个岗位的指标的综合体系，不同部门、不同层次的员工的子目标都要能支持企业战略目标的实现。

其次，企业的绩效考评应做到以下三点。一是全员绩效考核。这就要求企业内部的各部门和全体员工都要进行业绩考核。推进全员绩效考核，是完善绩效考评制度的重要举措，是确保企业资产保值增值责任落实到各个岗位，激励约束覆盖到广大员工的制度保障。落实全员工作责任，对发挥全体员工的积极性，发展壮大企业经济，具有十分重要的意义。二是定期考核。定期考核是平时考核的概括和总结，表现为阶段性的考核结论。定期考核应当合理安排、统筹兼顾，增强考核方式的针对性、完整性和系统性，提高考核效率，实现考核的目的。三是客观评价。客观公正的绩效考核有利于在企业内部形成良好的竞争氛围，激励员工积极工作。企业可以通过绩效考核筛选出优秀的骨干人才，淘汰跟不上企业发展的员工，从而使企业的发展呈现良性循环。与此同时，利用绩效考核还能了解员工的优劣势，明确员工的培训需要，进而有针对性地制订切实可行的培训计划。

最后，考评的结果应用。企业通过考评的结果能够发现员工的才能和缺点，有助于管理层评价其选拔和安置职能的有效性。考评的结果应具有与人事相关的功能，通过绩效考核，将员工聘用、职务升降、劳动薪酬相结合，使得企业激励机制得到充分运用，促进企业的健康发展。

> 第三十六条　企业应当根据内部控制目标，结合风险应对策略，综合运用控制措施，对各种业务和事项实施有效控制。

第三十六条讲的是实施有效控制。

实施有效控制的前提是企业内部控制的目标。内部控制的目标是指内部控制要完成的任务或达到的标准，它用来促进企业组织的有效营运，以确保各部门均能发挥应有的功能。企业对各种业务和事项实施有效控制有着很强的指导意义。

实施有效控制的关键是采取适当的风险应对策略。风险应对策略应该遵循成本最低原则，从企业战略出发，统一风险度量，建立风险预警机制和应对策略。风险应对策略与企业的具体业务或者事项相联系，不同的业务或事项可以采取不同的风险应对策略，同一业务或事项在不同的时期可以采取不同的风险应对策略，同一业务或事项在同一时期也可以综合运用风险降低和风险分担应对策略。对超出整体风险承受能力和具体业务层面上的可接受风险水平的风险，应当实施风险规避策略；对在整体风险承受能力和具体业务层面上的可接受风险水平之内的风险，在权衡成本效益之后无意采取进一步控制措施的，可以实施风险承受策略；对在整体风险承受能力和具体业务层面上的可接受风险水平之内的风险，在权衡成本效益之后愿意单独采取进一步的控制措施以降低风险、提高收益或者减轻损失的，可以实施风险降低策略；对在整体风险承受能力和具体业务层次上的可接受风险水平之内的风险，在权衡成本效益之后愿意接受他人力量，采取包括业务分包、购买保险等进一步的控制措施以降低风险、提高收益或者减轻损失的，可以实施风险分担策略。

企业实施有效控制的手段是综合运用控制措施。要保证企业各种业务和事项达到有效控制，离不开企业不相容职务分离控制、授权审批控制、会计系统控制、财产保护控制、预算控制、运营分析控制和绩效考评控制这七项控制措施。这七项控制措施不是孤立存在的，也不是单独一项控制措施就能够彻底解决业务中所面临的问题的，而是企业需要综合运用这些控制措施，从而有效防止、发现、纠正错误和舞弊，提高企业核心竞争力。

第三十七条　企业应当建立重大风险预警机制和突发事件应急处理机制，明确风险预警标准，对可能发生的重大风险或突发事件，制定应急预案、明确责任人员、规范处置程序，确保突发事件得到及时妥善处理。

第三十七条讲的是重大风险预警机制和突发事件应急处理机制。

重大风险预警机制是为了及时发现和应对对企业经营产生重大影响的各种内外部风险而建立的预警机制。该机制通过明确的标准、明确的责任人和明确的处置程序，做到有效监测企业发展环境的变化，保证风险发生时能够及时采取应急预案，从而防范各种可能发生的风险事件，保障企业经营的稳定性和安全性。

突发事件应急处理机制是针对突发事件的紧急处理机制，属于一种应急预案，有助于企业事先做好防备及应对策略，避免事件进一步扩大或事态加重。突发事件包括自然灾害、事故灾难、公共卫生事件和社会安全事件等。绝大多数突发事件会使企业陷于危机之中，而应急机制的启动并非一种单纯的技术操作，它是企业面对突发事件反应能力增强的一种表现，也代表着企业处理突发事件的观念转变，企业的危机意识在不断加强。大多数情况下，突发事件的发生并不是某一个企业所能控制的，企业只能不断加强危机意识，"未雨绸缪"构建突发事件应急处理机制"防患于未然"，最大程度减少损失。

第 6 章

内部控制的重要条件：信息与沟通

导读

《封神演义·第五十三回》写道："为将之道，身临战场，务要眼观四处，耳听八方。"作为将领，在身处战场时，要做到机智灵活，遇事多方观察分析。而作为企业，面对快速迭代的科技、变幻莫测的市场和充满不确定因素的经济大环境，也需要进行全面的观察与分析，信息与沟通就是企业"眼观四处、耳听八方"的重要媒介。

信息与沟通是指及时、准确、完整地收集与企业内部控制相关的各种信息，并使这些信息以适当的方式在企业有关层级之间被及时传递和正确应用的过程。信息与沟通是实施内部控制的重要条件。企业在经营过程中，需按某种形式辨识、取得确切的信息，并与相关人员进行沟通，以促使员工履行其职责。

6.1　信息来源于四面八方

许多研究者从各自的研究领域出发，给出了信息的不同定义。信息奠基人香农（Shannon）认为“信息是用来消除随机不确定性的东西”，这一定义被人们看作是经典性定义并加以引用。控制论创始人诺伯特·威纳（Norbert Wiener）认为“信息是人们在适应外部世界，并使这种适应反作用于外部世界的过程中，同外部世界进行互相交换的内容和名称”，这也被作为经典性定义加以引用。经济管理学家则认为“信息是提供决策的有效数据”。根据信息的来源，信息可以分为内部信息和外部信息。

内部信息是反映系统内部情况的信息。它所反映的是企业的各种业务报表和分析报告、生产、技术方面的资料以及经营管理部门制订的计划、经营决策等方面的情况。企业可以通过财务会计资料、经营管理资料、调研报告、专项信息、内部刊物、办公网络等渠道，获取内部信息。

外部信息是指反映系统外部环境变化的信息。它与内部信息相对应。如果把单个企业看作一个系统，则反映企业外部情况的信息都是外部信息。外部信息的流动具有复杂性与不可控性，系统对外部信息在获取上具有可选择性和时机性，在使用上具有适用性和借鉴性，在处理上具有客观性与针对性。企业可以通过行业协会组织、社会中介机构、业务往来单位、市场调查、来信来访、网络媒体以及有关监管部门等渠道，获取外部信息。

信息收集贯穿于整个生产经营活动过程的始终，有助于企业随时掌握市场情况、政策变化等，因此信息的收集要准确、适用、及时、经济。

6.2 信息加工：提高信息的实用性

消息不是拿来就用的，消息只是信息的外壳，信息则是消息的内核。信息不同于信号，信号是信息的载体，信息则是信号所载荷的内容。信息不同于数据，数据是记录信息的一种形式，同样的信息也可以用文字或图像来表述。信息还不同于情报和知识。总之，“信息即事物运动的状态与方式”这个定义具有普遍性，不仅能涵盖其他的信息定义，还能通过引入约束条件转换为其他的信息定义。层层引入的约束条件越多，信息的内涵就越丰富，适用范围也越小，由此构成相互间有一定联系的信息概念体系。信息具有针对性，企业应当对收集的各种内部信息和外部信息进行合理筛选、核对、整合，去伪存真、去粗存精，使信息简明扼要、条理清晰，提高信息的实用性。

内部信息的传递对象仅限于企业内部的管理层。企业内部管理层按照职责与权限一般分为高层管理者、中层管理者和基层管理者三类。每层管理者由于权限和职责不同，所需要的信息和所应知悉的信息也有所不同。高层管理者需要大量内部和外部的、与组织未来发展有关的信息；中层管理者需要来自本部门以及相关部门的大量内部信息，以及少量的与业务相关的、关乎组织未来的外部信息；基层管理者需要来自操作层和本部门的内部信息。由于信息使用主体对信息的要求不尽相同，对收集的信息进行适度加工这一环节必不可少。

6.3　信息流通：有效避免部门各自为政

6.3.1　建立信息与沟通制度，环环相扣

企业各职能部门既充当信息供应者，又充当信息处理和使用者。虽然在不同的岗位上，所处理的工作不尽相同，所履行的职责千差万别，但是都需要进行信息收集、分析、使用和传递，进行决策与控制。多部门、多人员参加内部信息传递的工作，会带来重复劳动，浪费人力资源，也会出现各自为政的情况，没有做到各部门信息共享，从而大大降低信息化水平。因此，企业应当建立信息与沟通制度，明确内部控制相关信息的收集、处理和传递程序，确保信息及时沟通，促进内部控制有效运行。

6.3.2　加强内部报告管理，层层落实

企业内部信息传递存在着风险。例如，内部报告系统缺失、功能不健全、内容不完整，可能影响生产经营有序运行。企业通过内部报告的传递，满足企业决策与控制需要，从而有效整合企业内外部资源，促进企业生产

经营活动有序运行。如果内部报告系统缺失、功能不健全、内容不完整，企业管理者就无法充分获取所需要的相关信息，企业的资源将失去信息支持，企业管理所具有的计划、组织、指挥、协调与控制功能将无法实现，企业生产经营的有序运行可能受到影响。内部信息传递不通畅、不及时，可能导致决策失误、相关政策措施难以落实。在日趋激烈的竞争环境中，及时做出恰当的决策对企业的生存发展至关重要。这就要求信息顺畅、及时地进行传递，保证相关决策人员及时获取所需的信息并对信息进行处理和利用。如果企业政策措施落实过程中相关信息的传递和反馈受阻，必然影响控制的效果，相关政策措施就难以落实。内部信息传递中商业秘密泄露，可能削弱企业核心竞争力。内部信息一旦泄露，就可能被竞争对手利用，从而导致企业丧失相对竞争优势，或者丧失机遇。企业应当加强内部报告管理，全面梳理内部信息传递过程中的薄弱环节，建立科学的内部信息传递机制，明确内部信息传递的内容、保密要求及密级分类、传递方式、传递范围以及各管理层级的职责权限等，促进内部报告的有效利用，充分发挥内部报告的作用。

6.4 信息的载体：内部报告的形成

6.4.1 内部报告指标体系设置

内部报告指标体系设置是内部信息传递的起点，也是内部信息传递的关键环节。因此，企业应当根据发展战略、风险控制和业绩考核要求，科学规范不同级次内部报告的指标体系，采用经营快报等多种形式，全面反映与企业生产经营管理相关的各种内外部信息。内部报告指标体系的设计应当与全面预算管理相结合，并随着环境和业务的变化不断进行修订和完善。设计内部报告指标体系时，企业应当关注成本费用预算的执行情况。

6.4.2　内部报告编制环节

收集的信息形成高质量的内部报告，为企业的战略规划、前景预测等提供重要的分析指导和保障，因此内部报告应当简洁明了、通俗易懂、传递及时，便于企业各管理层级和全体员工掌握相关信息，正确履行职责。企业应让不同层级管理人员合理地参与内部报告的编制，从而明确信息使用者的需要，形成准确、适用的报告。

6.4.3　严密的内部报告流程是信息资源价值得以实现的重要条件

内部报告形成后，要明确传递对象，及时、有效、安全地进行传递。企业应当制定严密的内部报告流程，充分利用信息技术，强化内部报告信息集成和共享，将内部报告纳入企业统一信息平台，构建科学的内部报告网络体系。企业内部各管理层级均应当指定专人负责内部报告工作，应及时上报重要信息，并可以直接报告给高级管理人员。企业应当建立内部报告审核制度，确保内部报告信息质量。

6.5 信息的价值：内部报告的使用

6.5.1 充分发挥信息的作用，信息的传递才有意义

在内部报告的使用环节，要保障信息使用的充分、有效、及时、保密。因此，各级管理人员应当充分利用内部报告管理和指导企业的生产经营活动，及时反映全面预算执行情况，协调企业内部相关部门和各单位的运营进度，严格绩效考核和责任追究，确保企业实现发展目标。企业对内部报告反映出的问题应当及时解决；涉及突出问题和重大风险的，应当启动应急预案。企业应制定严格的内部报告保密制度，明确保密内容、保密措施、密级程度和传递范围，防止泄露商业秘密。

6.5.2 内部报告的评估是信息传递体系的成绩单

内部报告的评估是企业内部信息传递的最后一个环节，是对内部报告从形成到使用整个过程的综合评价。如果缺少了评估环节，可能导致各种程序和相关制度得不到执行和遵守，内部信息传递体系的建设流于形式。因此，企业应当建立内部报告的评估制度，定期对内部报告的形成和使用进行全面评估，重点关注内部报告的及时性、安全性和有效性；应当准确识别和系统分析企业生产经营活动中的内外部风险，确定风险应对策略，实现对风险的有效控制。

6.6 信息系统：为及时沟通加足马力

当今世界已经进入信息时代，信息生产力属于新兴的社会生产力，代表着社会进步的必然趋势。由于收集的信息来源于企业内部和外部，分散在各处，有用信息需要层层筛选。如果没有一个好的信息化工具，企业就无法很好地对信息进行汇总、总结、提炼和利用。因此，利用信息技术来改造企业已经成为必然趋势。

信息系统，是指企业利用计算机和通信技术，对内部控制进行集成、转化和提升所形成的信息化管理平台。企业应当利用信息技术促进信息的集成与共享，充分发挥信息技术在信息与沟通中的作用，彻底消除由于企业内部各业务系统相互独立、数据不一致，信息共享程度不高、管理分散，管理维护工作量大等因素形成的一个个“信息孤岛”“资源孤岛”。

利用信息系统实施内部控制也面临着风险。例如，信息系统缺乏或规划不合理，可能造成“信息孤岛”或重复建设，导致企业经营管理效率低下；系统开发不符合内部控制要求，授权管理不当，可能导致企业无法利用信息技术实施有效控制；系统运行维护和安全措施不到位，可能导致信息泄露或受损，系统无法正常运行。因此，企业应当重视信息系统在内部控制中的作用，根据内部控制要求，结合组织架构、业务范围、地域分布、技术能力等因素，制定信息系统建设整体规划，加大投入力度，有序组织信息系统开发、运行与维护，优化管理流程，防范经营风险，全面提高企业现代化管理水平。

6.6.1 信息系统的开发要因地制宜

1. 信息系统的开发流程

（1）提出项目建设方案。企业应当根据信息系统建设整体规划提出项目建设方案，明确建设目标、人员配备、职责分工、经费保障和进度安排等相关内容，按照规定的权限和程序审批后实施。

（2）组织开发工作。企业信息系统归口管理部门应当组织内部各单位提出开发需求和关键控制点，规范开发流程，明确系统设计、编程、安装调试、验收、上线等全过程的管理要求，严格按照建设方案、开发流程和相关要求组织开发工作。企业开发信息系统，可以采取自行开发、外购调试、业务外包等方式。选定外购调试或业务外包方式的，应当采用公开招标等形式择优确定供应商或开发单位。

2. 信息系统设计

（1）彰显信息系统的优越性。由于手工环境下存在人为因素，很难做到经营管理的规范化与标准化，因此，越来越多的企业通过引入信息系统来杜绝各种人为因素的不确定性，实现企业管理的规范化与标准化。企业将生产经营管理业务流程、关键控制点和处理规则嵌入系统程序，实现手工环境下难以实现的控制功能。

（2）不相容职务分离控制。不相容职务是指如果由一个人担任，既可能发生错误和舞弊行为，又可能掩盖其错误和舞弊行为的职务。不相容职务分离的核心是“内部牵制”，它要求每项经济业务都要经过两个或两个以上的部门或人员的处理，使得单个部门或人的工作必须与其他部门或人的工作相一致或相联系，并受其监督和制约。企业在系统开发过程中，应当按照不同业务的控制要求，通过信息系统中的权限管理功能控制用户的操作权限，避免将不相容职务的处理权限授予同一用户。

（3）为监督做好铺垫。企业应当针对不同数据的输入方式，考虑对进入系统数据的检查和校验功能。对于必需的后台操作，应当加强管理，建立规范的流程制度，对操作情况进行监控或者审计，在信息系统中设置操作日志功能，确保操作的可审计性。对异常的或者违背内部控制要求的交易和数据，应当设计系统自动报告功能并设置跟踪处理机制。

（4）全过程跟踪管理。企业信息系统归口管理部门应当加强信息系统开发全过程的跟踪管理，组织开发单位与内部各单位的日常沟通和协调，督促开发单位按照建设方案、计划进度和质量要求完成编程工作，对配备的硬件设备和系统软件进行检查验收，组织系统上线运行等。

3. 信息系统验收

企业应当组织独立于开发单位的专业机构，对开发完成的信息系统进行验收测试，确保其在功能、性能、控制要求和安全性等方面符合开发需求。由于信息化项目建设的复杂性，企业一般采用阶段性验收的方式开展项目验收工作。企业要深入细致地分析项目的总体目标、整体进度规划，然后再对总体目标进行阶段性分解，形成阶段性验收目标。在形成阶段性验收目标后，应对每一阶段验收的内容进行细化和量化，特别要明确从一个阶段进入下一阶段的条件，使各个阶段环环相扣。如果上一阶段的验收没有通过，下一阶段的验收就无从谈起，更不可能实现项目的终验。由此可见，做好项目验收计划的重点在于划分好项目阶段性验收时间点，明确各个项目阶段的目标、验收内容细则、验收标准及验收方法。

4. 信息系统上线

信息系统的上线是指将信息系统设计阶段的结果在计算机上实现，将原来纸面上的、类似于设计图式的新系统方案转换成可执行的应用软件。企业应当切实做好信息系统上线的各项准备工作，培训业务操作和系统管理人员，制订科学的上线计划和新旧系统转换方案，考虑应急预案，确保新旧系统顺利切换和平稳衔接。系统上线涉及数据迁移的，还应制订详细的数据迁移计划。

6.6.2 信息系统的运行和维护要持续稳定

企业应当加强信息系统运行与维护的管理，制定信息系统工作程序、信息管理制度以及各模块子系统的具体操作规范，及时跟踪、发现和解决系统运行中存在的问题，确保信息系统按照规定的程序、制度和操作规范持续稳定运行。企业应从技术和管理方面，将信息系统的运行和维护真正落到实处。

1. 技术方面

（1）不同等级信息的授权使用。企业应当根据业务性质、重要程度、涉密情况等确定信息系统的安全等级，建立不同等级信息的授权使用制度，采用相应技术手段保证信息系统运行安全有序。

（2）防范网络攻击和非法侵入。企业应当综合利用防火墙、路由器等网络设备，漏洞扫描、入侵检测等软件技术以及远程访问安全策略等手段，加强网络安全，防范来自网络的攻击和非法侵入。企业对通过网络传输的涉密或关键数据，应当采取加密措施，确保信息传递的保密性、准确性和完整性。

（3）定期备份数据。企业应当建立信息系统数据定期备份制度，明确备份范围、频度、方法、责任人、存放地点、有效性检查等内容。

2. 管理方面

（1）信息系统变更管理流程。信息系统的变更应当严格遵照管理流程进行。信息系统操作人员不得擅自进行系统软件的删除、修改等操作；不得擅自升级、改变系统软件版本；不得擅自改变软件系统环境配置。

（2）用户管理制度。企业应加强对重要业务系统的访问权限管理，定期审阅系统账号，避免授权不当或存在非授权账号，禁止不相容职务用户账号的交叉操作。

（3）关键信息设备的管理。企业应当加强对服务器等关键信息设备的管理，建立良好的物理环境，指定专人负责检查，及时处理异常情况。未经授权，任何人不得接触关键信息设备。

（4）安全保密制度。企业应当建立信息系统安全保密和泄密责任追究制度。委托专业机构进行系统运行与维护管理的，企业应当审查该机构的资质，并与其签订服务合同和保密协议。企业应当采取安装安全软件等措施防范信息系统受到病毒等恶意软件的感染和破坏。

信息在企业内部安全、有效、及时地传递，对于制定与实施企业发展战略、识别与防控风险、保证企业生产经营有序运行具有重要作用。因此，企业应将信息传递作为企业内部控制的一项重点工作，引起足够的重视，确保企业所需信息能够顺利传递，为企业创造价值。

6.7 案例：沟通不畅，各司其职也无意义

6.7.1 基本案情

雷曼兄弟公司（以下简称雷曼）自1850年创立以来，已在全球范围内建立起了打造新颖产品、探索新融资方式、提供优质服务的良好声誉。其是全球性多元化的投资银行,《商业周刊》评出的2000年最佳投资银行,《国际融资评论》授予的2002年度最佳投行，整体调研实力高居《机构投资者》榜首。然而，这样一家百年企业，却在2008年9月15日上午10点宣布申请破产保护。电视、广播和网络等各大媒体争先报道，雷曼破产的消息迅速传遍了世界。然而，外界的一片哗然，并没有惊动德国国家发展银行。德国国家发展银行仍然按部就班地处理业务，在9月15日上午10点10分，按照外汇如期协议的交易，通过计算机自动付款系统向雷曼的银行账户转入了5亿欧元。这匪夷所思的举动，代价是巨大的，因为雷曼的银行账户即将面临冻结，5亿欧元注定是会打水漂的。

转账风波曝光后，社会各界百思不得其解，因为雷曼破产并不是一点苗头都没有的，在其宣布申请破产保护的前一天，业界就有所耳闻。德国国家发展银行作为欧洲最大的开发性金融机构之一，怎么会没有意识到这场交易存在的巨大风险呢？面对如此巨大的风险，为什么没有采取防范措施呢？

但人们更想知道，在短短10分钟里，德国国家发展银行内部到底在做什么？错误如此低级，损失金额如此巨大，到底是故意为之，还是愚蠢至极？德国国家联邦财政部委托律师事务所进驻德国国家发展银行进行全面

调查。律师事务所的调查员走访了银行数个部门，就相关事项询问了数十名职员。短短几天，律师事务所便分别向国会和财政部递交了调查报告。调查报告的内容是被询问相关人员在这 10 分钟内所做的事情。

首席执行官是在一个企业中负责日常事务的最高行政官员，主司企业行政事务，首席执行官向企业的董事会负责，而且往往就是董事会的成员之一。而拥有最终执行权力的首席执行官乌尔里奇·施罗德却说：“我知道今天要按照协议预先的约定转账，至于是否撤销这笔巨额交易，应该让董事会开会讨论决定。”

董事长是企业或机构的最高管理者，由董事会选举产生，为企业利益的最高代表，统领董事会。而董事长保卢斯却说：“我们还没有得到风险评估报告，无法及时做出正确的决策。”

董事会秘书具有广泛的、涉及企业内部运作程序的职权。其对外负责企业信息披露、投资者关系管理；对内负责股权事务管理、企业治理、股权投资、筹备董事会和股东大会，以及保障企业规范化运作等。而作为高级管理人员的董事会秘书史里芬却说：“我打电话给国际业务部催要风险评估报告，可那里总是占线，我想还是隔一会儿再打吧。”

业务部人员的回答更让人啼笑皆非。国际业务部经理克鲁克说：“星期五晚上准备带上全家人去听音乐会，我得提前打电话预订门票。”他的副手伊梅尔曼说：“忙于其他事情，没有时间去关心雷曼的消息。”负责处理与雷曼业务的高级经理希特霍芬说：“我让文员上网浏览新闻，一旦有雷曼的消息就立即报告，现在我要去休息室喝杯咖啡了。”文员施特鲁克说：“10:03，我在网上看到了雷曼向法院申请破产保护的新闻，马上就跑到希特霍芬的办公室，可是他不在，我就写了张便条放在办公桌上，他回来后会看到的。”

结算部经理德尔布吕克说：“今天是协议规定的交易日，我没有接到停止交易的指令，那就按照原计划转账吧。”结算部自动付款系统操作员曼斯坦因说：“德尔布吕克让我执行转账操作，我什么也没问就做了。”

信贷部觉得没必要。信贷部经理莫德尔说：“我在走廊里碰到了施特鲁克，他告诉我雷曼破产的消息，但是我相信希特霍芬和其他职员的专业素养，他们一定不会犯低级错误，因此也没必要提醒他们。”

公关部觉得不着急。公关部经理贝克说：“雷曼破产是板上钉钉的事，我想跟乌尔里奇·施罗德谈谈这件事，但他上午要会见几个克罗地亚客人，等下午再找他也不迟，反正不差这几个小时。”

德国经济评论家哈恩说，在这家银行，上到董事长，下到操作员，没有一个人是愚蠢的，可悲的是，几乎在同一时间，每个人都开了点小差，结果就创造出了“德国最愚蠢的银行”。

6.7.2 案例分析

一个企业的成功需要百分之百的努力，而一个企业的失败，有的时候却是百分之一的疏漏所导致的。业务流程至关重要，因为它是为达到特定的价值目标而由不同的人共同完成的一系列活动。业务流程严格限定活动之间的先后顺序，明确安排和界定活动的内容、方式、责任等，但不是逃避责任的挡箭牌。拘泥于流程，将责任抛之脑后，同样会给企业带来巨大的灾难。

沟通和反馈缺一不可。企业应当将内部控制相关信息在企业内部各管理层级、责任单位、业务环节之间，以及企业与外部投资者、债权人、客户、供应商、中介机构和监管部门等有关方面之间进行沟通和反馈。信息沟通过程中发现的问题，应当及时报告并加以解决。重要信息应当及时传递给董事会、监事会和经理层。在德国国家发展银行“十分钟的悲剧”发生后，律师事务所的调查员先后询问了银行各个部门的数十名职员，从董事会秘书到公关部经理，从业务主管到系统指令负责人，每个人的工作都照旧，流程都正常，问题的关键是这家企业在危急时刻集体丧失了风险管理的机能，没有真正做到信息通畅流动。

没有明确内部控制相关信息的收集、处理和传递程序。信息与沟通是企业及时、准确地收集、传递与内部控制相关的信息，确保信息在企业内部、企业与外部之间进行有效沟通，是实施内部控制的重要条件。在这个事件中，每个人只负责向自己的上级传递信息，太过注重等级制度和信息沟通的上下流程，而忽视了横向沟通和斜向沟通的价值和意义，未将重要风险及时上报给更高层管理者。

6.8　案例：缺乏整合意识，信息系统必然成孤岛

6.8.1　基本案情

某电子通信公司刚推出一款新型号手机，就在其例行工作中发现，这款手机还未上市，却已经以低廉的价格在通信市场抛售。该公司启动调查小组，专门调查后发现手机的来源确实是所辖的销售网点。手机是如何在推广期间就以批发价格流入市场的？是手机失窃吗？但是过去的一段时间，公司总部并没有收到销售网点手机失窃的报告，仓库也是由专人把守，不

存在陌生人进入仓库的可能。唯一的可能便是内部人员从中捣鬼。公司的这种怀疑，很快便得到了公安机关的印证。经过侦查，犯罪嫌疑人王某是这一非法侵占案件的主谋，其利用职务之便，一手策划并操控整个犯罪团伙作案。王某在该公司从事财务工作，在一次业务处理过程中，他发现数据错报，指示路径直接呈现在了计算机显示屏上，数据库信息暴露，于是他进入了公司的数据库。但王某并没有将数据库出现漏洞这一情况上报公司，而是采取了刻意隐瞒的态度。因为王某可以随意进入数据库，随意篡改数据，他觉得一个发财的大好机会在向自己"招手"。为了不引起怀疑，王某不久便向公司递交了辞呈。

在这个案件中，王某是主角，但是也离不开配角的配合。王某利用人际资源，与公司财务人员、仓库保管人员里应外合，实施盗窃方案。他们兵分三路，公司财务人员的任务是按照王某获得的路径进入数据库并复制好全部数据。王某的任务是修改其中某个门店的销售记录，让实际销售额小于数据库记录的销售额，从而达到门店仓库手机盘盈的目的。仓库保管人员的任务是拿出盘盈的手机。

三人分工明确，联合作案，手段越来越娴熟，胃口也越来越大。其侵占的手机数量，从每月近 10 部增至每月 70 多部，累计盗窃手机近 300 部。三人屡屡得手，"归功于"信息系统和公司管理的漏洞。操作人员能够随意进入数据库，并修改数据；业务人员能够随意复制数据库数据，无人知晓；保管人员能够随意拿出仓库的手机，无人监督。直到案件发生，公司才发现漏洞如此之多。

6.8.2　案例分析

该公司在信息系统建设和开发环节中，没有做到将经营管理活动与信息系统协调统一，从而导致没有及时发现数据库数据可以被随意篡改。信息系统建成后，公司自认为万事大吉，殊不知，信息技术是一把双刃剑。它给公司带来了智能化、便捷化，也带来了风险。如果经营管理活动与信息系统两者“互不干扰”，信息系统必然成孤岛。公司不仅要着眼于未来，还要做到脚踏实地。信息系统开发不仅要考虑未来的战略规划，也要考虑眼前的中长期发展计划，利用信息技术促进信息的集成与共享，充分发挥信息技术在信息与沟通中的作用。在经营管理活动与信息系统协调统一的大环境中，信息孤岛或重复建设的发生才可能有效避免。公司的各大系统，包括财务管理信息系统、销售管理信息系统、生产管理信息系统、人力资源管理系统、办公自动化系统，应当做到信息共享，而不是各自为政，各行其是。

该公司在信息系统日常运行维护中，职责权限不明，管理不清，导致管理漏洞没有被及时堵塞。重要关卡人员辞职，仍然能进入公司数据库作案，仅仅三个人的里应外合，就可以做到长期偷盗，信息系统日常运行维护没有做到位的严重性不言而喻。公司应加强对信息系统开发与维护、访问与变更、数据输入与输出、文件储存与保管、网络安全等方面的控制，保证信息系统稳定运行。同时，公司还应关注系统各类用户的职责分离及权限管理，做好系统运行记录，尤其是遇到系统运行不正常或无法运行的情况，应对异常情况发生的时间和可能的原因做详细记录。对于重要系统，公司要做好备份及灾难恢复工作，保证系统的安全运行。

6.9 规范详解

本章主要讲解了信息与沟通的相关内容，涉及《企业内部控制基本规范》的第三十八条至第四十三条。下面对相关法规进行详细讲解。

> 第三十八条　企业应当建立信息与沟通制度，明确内部控制相关信息的收集、处理和传递程序，确保信息及时沟通，促进内部控制有效运行。

第三十八条讲的是信息与沟通制度。

为了加强信息沟通工作，对信息进行有效管理，使企业对动态的变化做出迅速反应，企业应当建立信息与沟通制度。信息与沟通是指及时、准确、完整地收集与企业内部控制相关的各种信息，并使这些信息以适当的方式在企业有关层级之间被及时传递和正确应用的过程。

首先，信息的收集是通过各种方式获取所需要的信息。信息收集是信息得以利用的第一步，也是关键的一步。信息收集工作的好坏，直接关系到整个信息管理工作的质量。信息收集应秉持准确性原则，收集到的信息要真实可靠，这是信息收集工作最基本的要求。信息收集应秉持全面性原则，搜集到的信息要广泛、全面、完整。只有广泛、全面地搜集信息，才能完整地反映管理活动和决策对象发展的全貌，为决策的科学性提供保障。信息收集应秉持时效性原则，这是因为信息的利用价值取决于该信息是否能及时地提供，即它的时效性。信息只有及时、迅速地提供给它的使用者才能有效地发挥作用。

其次，信息的处理是对收集来的信息进行去伪存真、去粗取精、由表及里、由此及彼的加工过程。它是在原始信息的基础上，生产出价值含量高、方便利用的二次信息的活动过程。这一过程将使信息增值。只有在对信息进行适当处理的基础上，才能产生新的、用以指导决策的有效信息。

最后，信息的传递有其不可或缺的存在价值，信息能够将企业贯通起来。随着信息传递加速，管理愈加复杂，管理层与管理层、管理层与员工、员工与员工之间都需要沟通来掌握和传播信息、交流思想，都需要充分借助信息的有效传递保证工作协作的正常运转，从而推动企业协调发展。企业部门之间的有效传递有助于提高管理者决策的正确性，有助于员工们步调一致形成合力，实现企业目标。

第三十九条　企业应当对收集的各种内部信息和外部信息进行合理筛选、核对、整合，提高信息的有用性。

企业可以通过财务会计资料、经营管理资料、调研报告、专项信息、内部刊物、办公网络等渠道，获取内部信息。

企业可以通过行业协会组织、社会中介机构、业务往来单位、市场调查、来信来访、网络媒体以及有关监管部门等渠道，获取外部信息。

第三十九条讲的是内部信息和外部信息。

1. 收集信息的处理

信息合理筛选是对信息的再选择，表现为对大量信息进行鉴定和选择的过程。其主要目的是去粗取精、提取有用和有价值的信息。筛选信息的要求是准确、重大、新颖和完整。核对信息是对收集来的原始信息从质量上进行评价和核实，其目的是去伪存真，保证信息来源权威、真实、完整及公信度高等特性。信息的整合是依据信息化发展趋势，在一定组织的领导下，实现信息资源序列化、共享化，进而实现信息资源配置最优化，拓宽信息资源应用领域和最大化挖掘信息价值的管理过程。它可以消除信息孤岛，使企业信息系统形成互通互联的整体，实现在正确的时间、以正确的方式将正确的信息传送给正确的使用者的目的。

2. 内部信息获取渠道

内部信息获取渠道包括财务会计资料、经营管理资料、调研报告、专项信息、内部刊物、办公网络等。会计资料是企业会计人员在企业进行经济往来的核算中，用以记录和查找经济事项的一种资料。财务会计资料包括会计凭证、会计账簿、财务会计报告和其他会计资料。经营管理资料包括经营决策文件材料、经营计划工作文件材料、财务管理文件材料、物资管理文件材料、产品销售文件材料、资产管理文件材料和对外贸易文件材料等。调研报告以研究为目的，根据社会或工作的需要，写出有价值的调研内容，其核心是实事求是地反映和分析客观事实。调研报告主要包括两个部分：一是调查，二是研究。它是一种沟通、交流形式，其目的是将调查结果、战略性的建议及其他结果传递给管理人员或其他担任专门职务的人员。专项信息是指企业特定的某个项目的信息。内部刊物是企业自己创办并主要向企业内部成员发行的出版物，是企业内部报纸、期刊及其他出版物的统称。作为企业公共关系工作中常用的一种重要的信息传播工具，内部刊物具有沟通信息、统一思想、塑造形象、传播知识等诸多作用。办公网络是企业为了更有效率地工作，在办公室架设起企业内部的计算机服务系统，将每台工作计算机通过网线等有效连接，通过计算机服务器进行统一化管理，共享文件数据，以提高工作效率。

3. 外部信息获取渠道

外部信息获取渠道包括行业协会组织、社会中介机构、业务往来单位、市场调查、来信来访、网络媒体及有关监管部门等。行业协会组织是介于政府与企业之间，商品生产者与经营者之间，提供服务、咨询、沟通、监督、公正、自律、协调的社会中介组织。行业协会是一种民间性组织，它不属于政府的管理机构体系，而是政府与企业之间的桥梁和纽带。社会中介机构是按照一定的业务规则或程序为委托人提供中介服务，并收取相应费用的组织。社会中介机构活跃在政府、企业、个人之间，发挥着它的决策支持、自律、监督等各种社会服务功能，对减少社会主体之间的摩擦和矛盾，维护各市场主体的利益，加速各生产要素的流动，保证社会经济活动在公平、公正条件下顺利进行等，起到了积极的作用。业务往来单位包括客户与供应商，是指与企业有业务往来的单位。市场调查是运用科学的方法，有目的、系统地搜集、记录、整理和分析市场情况，了解市场的现状及其发展趋势，为企业的决策者制定政策、进行市场预测、做出经营决策、制订计划提供客观、正确的依据。来信来访是通过写信、访问等形式向企业反映个人或集体意愿的一种交往活动。网络媒体与传统的音视频设备采用的工作方式不同，网络媒体依赖 IT 设备开发商们提供的技术和设备来传输、存储和处理音视频信号，它是传播信息的渠道，是交流、传播信息的工具，即信息载体。监管部门监管国家各个领域的秩序，它是公共管理的重要组成部分，其重要性不言而喻。监管的本质是对监管对象的行为、结果或者状态进行约束，以促进政府政策的实施，保护政府利益，维护公共利益，有效防止社会不公平的发生，维护社会公平正义，保障社会治理的有效性，实现社会的和谐发展。

> 第四十条　企业应当将内部控制相关信息在企业内部各管理级次、责任单位、业务环节之间，以及企业与外部投资者、债权人、客户、供应商、中介机构和监管部门等有关方面之间进行沟通和反馈。信息沟通过程中发现的问题，应当及时报告并加以解决。
>
> 重要信息应当及时传递给董事会、监事会和经理层。

第四十条讲的是沟通和反馈。

沟通是不同的行为主体通过各种载体实现信息的双向流动，形成行为主体的感知，以达到特定目标的行为过程。沟通是信息双向流动的过程，由信息的传递和反馈共同组成。如果只有信息的发送者到接受者的传递，而没有反馈，通常意义上意味着沟通的失败或无效。反馈不同于一般的反映情况，它不是被动反映，而是主动收集，有很强的针对性。沟通工作要讲究时效，反馈工作更要及时，以便及早发现问题，解决问题。反馈能够提高信息质量，加强企业有效控制及有机协调，促进企业及时调整计划与决定，提高企业决策的效益性。

内部沟通和反馈包括企业内部各管理级次、责任单位和业务环节之间进行的沟通和反馈。企业内部之间的双向交流和信息互动反馈，保证了内部沟通渠道畅通无阻。企业内部沟通效果对企业管理效率的提高起到重要作用。在企业的经营管理过程中，如果能做好内部沟通，会对促进企业绩效目标的实现起到事半功倍的效果。畅通而有效的内部沟通有利于信息在企业内部的充分流动和共享，有利于提高企业工作效率，有利于增强民主管理，促进企业决策的科学性与合理性。

外部沟通和反馈包括企业与外部投资者、债权人、客户、供应商、中介机构和监管部门等有关方面之间进行的沟通和反馈。外部沟通为实现企业的目标创造良好的外部环境，有助于企业传递有效的发展信息，构筑发展网络，拓展发展空间，维护组织形象。有效的外部沟通是一种独特的管理职能。企业外部沟通可以帮助企业建立和维系与企业外部成员的良性关系，使外部成员可以了解、接受企业文化，并与企业建立相互的信任与合作。

信息沟通报告包括两个方面。一是沟通过程中发现的问题。信息沟通对于企业来说非常重要，但是在信息沟通过程中会由于管理者对信息沟通的认识不够或沟通方式问题，使信息沟通过程中出现问题。针对这些问题，企业应当及时报告并加以解决。二是重要信息。重要信息应及时传递给董事会、监事会和经理层。重要信息报告的及时性是企业管理者及时了解本企业的经营和风险状况的重要保障。

> 第四十一条　企业应当利用信息技术促进信息的集成与共享，充分发挥信息技术在信息与沟通中的作用。
>
> 企业应当加强对信息系统开发与维护、访问与变更、数据输入与输出、文件储存与保管、网络安全等方面的控制，保证信息系统安全稳定运行。

第四十一条讲的是信息技术的相关内容。

信息集成是一种或针对某个目标或面向某项特定服务对信息进行组织和管理的理念，集成的核心是以资源作为大系统，采取技术手段进行整合，实现资源共享。信息共享是不同层次、不同部门信息系统间信息和信息产品的交流与共用，以便达到资源配置更加合理、节约企业成本、创造更多财富的目的。信息共享是提高信息资源利用率，避免在信息采集、存储和管理上重复浪费的一个重要手段。为促进信息的集成与共享，引用信息技术势在必行。信息技术是指在信息科学的基本原理和方法的指导下扩展人类信息功能的技术。一般来说，信息技术是以电子计算机和现代通信为主要手段实现信息的获取、加工、传递和利用等功能的技术总和。信息技术具有技术性，它能够利用科学的方法、先进的工具设备、熟练的技能、丰富的经验，提高信息处理与利用的效率和效益。在信息集成与共享环节引入信息技术，大大提高了信息的利用效率，使企业在众多信息中能够迅速找到自己所需要的内容，并且使得信息能被有效地理解，从而提高信息资源的利用率。

紧跟信息化时代的步伐，是企业提高效率的重要手段。企业对信息系统进行集中管理，大大提升了核心竞争力。信息系统是由计算机硬件、网络和通信设备、计算机软件、信息资源、信息用户和规章制度组成的，以处理信息流为目的的人机一体化系统。企业信息系统能够解决随着企业规模扩大而产生的管理困难的问题，使企业更快速、高效、准确地归集企业管理中的大量动态数据和信息。信息系统能够进行系统而统一的智能化管理，具备及时性、准确性等特点，可以有效提高工作效率和工作质量，进而提高企业效益。

信息技术的运用应关注以下问题。

1. 信息系统需要安全稳定地运行

信息化技术给我们带来便利的同时，各种信息系统安全问题也暴露出来。企业信息系统互联互通，数据安全面临的威胁前所未有，其安全保护的难度也将面临巨大挑战。而数据泄漏除直接损失外，对企业的声誉、客户满意度、市场占有量、股价及企业合规都会产生极其负面的影响。因此，信息系统安全的重要性是不言而喻的，一旦出现安全问题，所有的工作都等于零。

2. 信息系统开发与维护

在信息系统开发初期，企业应将精力重点投入到数据需求与功能需求的描述上，更加强调信息系统的功能性和应用性，往往会忽略系统的安全性。欠缺安全保障会给企业的信息系统埋下安全隐患，这种先天性不足，不仅给企业带来了潜在的风险，而且给企业的经营业务带来了潜在的损害。因此，安全性在软件开发过程中就应予以高度重视，这样才能从源头上保证信息系统安全，才能对信息系统安全真正起到预防与控制风险的作用。同时，在信息系统开发生命周期中，越早引入控制措施，将来运行与维护费用就越少。

3. 访问与变更

由于信息系统属于软件范畴，应用系统一般都存在漏洞，而最容易诱发安全事件的就是权限方面的漏洞。如果有人超越自身的权限访问了本来无权访问的重要资源，甚至恶意地做出破坏性操作，后果不堪设想。因此，为了保证信息系统的安全性，在信息使用过程中，企业应建立相互独立、相互制约的权限分配制度，按需开放访问与变更权限，严格做好系统测试工作，防止出现越权访问或者权限滥用的情况。

4. 数据输入与输出

数据输入是用户和软件之间的交互手段，也是软件内部模块之间的交互手段。从信息系统本身的角度来讲，很多情况下，软件的安全问题就出在输入上；从攻击者的角度来讲，输入是进行攻击的重要手段。大部分的软件安全问题来源于应用程序接受输入数据前没有进行安全性验证。因此，对每一次的数据输入，相关人员都应秉持怀疑的态度，输入数据在被进行安全性验证之前，都必须认为是有害的，这是保证程序免遭攻击的重要规则。数据输出需要保持数据原有的特性，存储器中的数据或经网络传输后的数据，必须与传输前的数据在内容与形式上保持一致，保证信息系统上的数据没有受损，数据不会因为有意或无意的事件被改变或被破坏。

5. 文件储存与保管

文件无疑是企业比较有价值的资产之一。企业将大量文件存储在一个地方几乎变得非常轻松。但是，空间不再是企业唯一关心的问题，文件储存与保管的安全性现在已成为企业管理的重中之重。随着信息技术的发展和应用，人们对文件储存与保管的需求越来越高，文件储存与保管也成为保留、利用和管理文件的一项重要工作。因此，企业应建立科学、高效的文件储存与保管流程，明确职责和任务，从文件的适时收集、及时储存、科学整理、精心保管、合理利用等方面进行规范、专业的管理。

6. 网络安全

网络安全是指网络系统不受任何威胁与侵害，能正常地实现资源共享功能。要使网络能正常地实现资源共享功能，一是要保证网络的硬件、软件能正常运行，二是要保证数据信息交换的安全。企业应采取必要措施，防范对网络的攻击、侵入、干扰、破坏、非法使用及意外事故，使网络处于稳定、可靠的运行状态，从而保障网络数据的完整性、保密性和可用性。网络安全的本质在于对抗，而对抗的本质在于攻防两端能力的较量。只有实现网络安全，才能使信息网络正常运行，正常提供服务。

> 第四十二条　企业应当建立反舞弊机制，坚持惩防并举、重在预防的原则，明确反舞弊工作的重点领域、关键环节和有关机构在反舞弊工作中的职责权限，规范舞弊案件的举报、调查、处理、报告和补救程序。
>
> 企业至少应当将下列情形作为反舞弊工作的重点。
>
> （一）未经授权或者采取其他不法方式侵占、挪用企业资产，牟取不当利益。
>
> （二）在财务会计报告和信息披露等方面存在的虚假记载、误导性陈述或者重大遗漏等。
>
> （三）董事、监事、经理及其他高级管理人员滥用职权。
>
> （四）相关机构或人员串通舞弊。

第四十二条讲的是反舞弊机制。

1. 反舞弊机制的原则

在反舞弊机制中，企业应坚持“惩防并举、重在预防”的原则，只有这样，才能够切实维护企业利益，改善企业内部控制实施环境，从而更有效地指导推进企业制度建设，促进企业文化建设。惩防并举顾名思义包括惩罚和预防。在反舞弊机制建设过程中，企业要坚持遵守“事前预防”和“事后惩罚”的原则，二者缺一不可。凡事应秉承“事前有预警，事中有规章，事后有监督”，以机制建设引导员工行为，降低舞弊行为发生的概率。预防首先要做到思想设防。重在预防是指企业以全面有效的制度建设为手段，使企业制度深深印刻在每位员工的脑海里，以制度为准绳，以达到防止或减少舞弊行为的发生的目的。

2. 反舞弊工作的重点领域

反舞弊工作的重点领域包括：未经授权或者采取其他不法方式侵占、挪用企业资产，牟取不当利益；在财务会计报告和信息披露等方面存在虚假记载、误导性陈述或者重大遗漏等；董事、监事、经理及其他高级管理人员滥用职权；相关机构或人员串通舞弊等。

3. 反舞弊工作的关键环节

反舞弊工作的关键环节包括：舞弊的预防和控制；舞弊案件的举报、调查和报告；反舞弊工作常设机构及职能；反舞弊工作的指导和监督；舞弊的补救措施和处罚等。

4. 有关机构在反舞弊工作中的职责权限

企业管理层应对舞弊行为的发生承担责任。企业管理层负责建立、健全并有效实施包括舞弊风险评估和预防舞弊在内的反舞弊程序和控制，并进行自我评估；审计委员会负责企业反舞弊行为的指导工作；企业建立的反舞弊工作常设机构具体组织及执行跨部门的、企业范围内的反舞弊工作；各业务部门承担本部门的反舞弊工作。

5. 规范舞弊案件程序

反舞弊工作常设机构负责建立职业道德问题及舞弊案件的举报电话热线、电子邮件信箱等，并将举报热线号码、电子邮箱地址加以公布，作为反映、举报企业及其人员违反职业道德问题的情况，或检举、揭发实际或疑似舞弊案件的渠道。反舞弊工作常设机构应将这一工作流程化，建立书面程序及制度，规定如何接受、保留、处理指控，并留下书面记录供高级管理层、审计委员会和董事会检查。反舞弊工作常设机构对涉及一般员工的可疑的、被控但未经证实的举报，将视其轻重缓急，会同企业法律、人力资源等部门人员共同进行评估，并作出是否调查的决定。若举报牵涉到企业高层管理人员，可以由企业董事会、审计委员会批准后，由企业反舞弊工作常设机构人员和相关部门管理人员共同组成特别调查小组进行联合调查。在进行有关调查时，根据实际情况还可使用外部专家参与调查，对受影响的业务单位的内部控制进行评估并提出改进建议。对于举报和调查处理后的舞弊案件报告材料，企业反舞弊常设工作机构应按归档工作的相关规定，及时立卷归档。

第四十三条　企业应当建立举报投诉制度和举报人保护制度，设置举报专线，明确举报投诉处理程序、办理时限和办结要求，确保举报、投诉成为企业有效掌握信息的重要途径。

举报投诉制度和举报人保护制度应当及时传达至全体员工。

第四十三条讲的是举报投诉制度和举报人保护制度。

举报投诉制度目的在于鼓励举报和投诉包括企业经营管理和业务拓展各个环节的违法违规行为，从而维护企业的正常秩序，保护企业资产安全，确保财务信息真实、可靠和经营合法合规，从而实现企业可持续发展。举报投诉制度一般由宣传、受理、分流、审报、转办、初查、催办、保护、奖励、答复与具体制度组成，企业应明确设置举报专线，明确举报投诉处理程序、办理时限和办结要求。这些具体制度的制定、完善和贯彻执行，保障了举报工作有序、有效地开展。

举报人保护制度是举报保障机制的重要环节，其目的是保护举报人的合法权益，确保举报人在提供举报线索的同时不会受到打击报复。举报人保护制度应是健全的保密制度，并且应做到防止泄密，制度中应明确严肃处理泄密案件，严肃处理泄密人员，严厉查处“打击举报人案件”。只有保护好举报人，举报人才能放心举报，支持举报，有效配合工作。

第 7 章

及时“问诊”：内部监督为企业保驾护航

导读

有一次，名医扁鹊去见蔡桓公。他在旁边站了一会儿后对蔡桓公说：“你有病了，现在病还在皮肤里，若不赶快医治，病情将会加重！”蔡桓公听了笑着说：“我没有病。”待扁鹊走了以后，蔡桓公对人说：“这些医生就喜欢医治没有病的人来夸耀自己的本领。”十天以后，扁鹊又去见蔡桓公，说他的病已经发展到肌肉里，如果不治，还会加重。蔡桓公不理睬他。扁鹊走了以后，蔡桓公很不高兴。再过了十天，扁鹊又去见蔡桓公，说他的病已经转到肠胃里去了，再不医治，就会更加严重。蔡桓公仍旧不理睬他。又过了十天，扁鹊去见蔡桓公时，对他望了一望，转身就走。蔡桓公觉得很奇怪，于是派使者去问扁鹊。扁鹊对使者说：“病在皮肤里、肌肉里、肠胃里，不论是针灸还是服药，都还可以医治；可病若是到了骨髓里，那还有什么办法呢？现在蔡桓公的病已经深入骨髓，我也无法替他医治了。”五天以后，蔡桓公浑身疼痛，赶忙派人去请扁鹊，扁鹊却已经去秦国了。不久，蔡桓公就因病去世了。

如果蔡桓公在扁鹊刚开始指出其有病的时候能加以治疗，就不会造成病情加重的结果，更不至于丧命。

其实，在现实生活中，不光是治病要趁早，我们自身有了缺点，也一定要虚心接受大家的批评指正，尽早改正缺点，避免铸成大错。“千里之堤，以蝼蚁之穴溃；百尺之室，以突隙之烟焚。”当不良的苗头出现时，我们千万不能讳疾忌医，而要勇敢面对，积极寻求解决的办法，以免酿成更大的祸患。企业也是如此。及时给企业问诊，发现企业在经营管理过程中存在的问题，内部监督是其中一个重要环节。

7.1 内部监督是内部控制体系中不可或缺的一部分

内部监督是保证内部控制体系有效运行和逐步完善的重要措施。加强内部监督，是企业管理过程中内部控制的一项重要内容，其实质是通过对实际工作进行检查，及时发现运行偏差及产生偏差的原因，并采取措施纠正偏差的一系列活动。从这个意义上说，加强内部监督是企业管理的一个重要环节，是内部控制得到有效实施的有力保障。内部监督分为日常监督和专项监督。

7.1.1 日常监督

日常监督是企业对建立与实施内部控制的情况进行常规、持续的监督检查。日常监督包括对内部控制制度执行情况的监督；对内部控制采取的政策和措施的监督，并注意获取相关的证据；监督企业内部控制制度设计的完整性、有效性及运行的有效性。

7.1.2　专项监督

专项监督是企业在发展战略、组织结构、经营活动、业务流程、关键岗位员工等发生较大调整或变化的情况下，对内部控制的某一或者某些方面进行有针对性的监督检查。专项监督的范围和频率应当根据风险评估结果以及日常监督的有效性等确定。一般来说，风险水平较高并且重要的控制，对其进行专项监督的频率应较高。如果企业的日常监督能够有效地起到监督效果，那么可以降低专项监督的频率。

7.2　全面预算是内部监督的准绳

全面预算是指企业对一定期间经营活动、投资活动、财务活动等做出的预算安排。企业实行全面预算管理，应当关注的风险包括：不编制预算或预算不健全，可能导致企业经营缺乏约束或盲目经营；预算目标不合理、编制不科学，可能导致企业资源浪费或发展战略难以实现；预算缺乏刚性、执行不力、考核不严，可能导致预算管理流于形式。

7.2.1　全面预算工作的领头羊

企业应当加强全面预算工作的组织领导，明确预算管理体制以及各预算执行单位的职责权限、授权批准程序和工作协调机制。

企业应当设立预算管理委员会履行全面预算管理职责，其成员由企业负责人及内部相关部门负责人组成。预算管理委员会主要负责拟定预算目标和预算政策，制定预算管理的具体措施和办法，组织编制、平衡预算草案，下达经批准的预算，协调解决预算编制和执行中的问题，考核预算执行情况，督促完成预算目标。预算管理委员会下设预算管理工作机构，由其履行日常管理职责。预算管理工作机构一般设在财会部门。

总会计师或分管会计工作的负责人应当协助企业负责人负责企业全面预算管理工作的组织领导。

7.2.2 预算编制

1. 编制依据有要求

企业应建立和完善预算编制工作制度，明确编制依据、编制程序、编制方法等内容，确保预算编制依据合理、程序规范、方法科学，避免预算指标过高或过低。

2. 编制完成有节点

企业应当根据发展战略和年度生产经营计划，综合考虑预算期内经济政策、市场环境等因素，按照上下结合、分级编制、逐级汇总的程序，编制年度全面预算。企业预算管理委员会应当对预算管理工作机构在综合平衡基础上提交的预算方案进行研究论证，从企业发展全局角度提出建议，形成全面预算草案，并提交董事会。企业应保证在预算年度开始前完成全面预算草案的编制工作。

3. 编制方法有讲究

企业可以选择或综合运用固定预算、弹性预算、滚动预算等方法编制预算。

（1）固定预算是最传统、最基本的预算编制方法，它是以预算期内正常的、可能实现的某一业务量（如生产量、销售量）水平为固定基础，确定相应的固定预算数，不考虑可能发生的变动因素而编制预算的方法。其优点是编制简单、容易控制；缺点是过于机械、呆板，可比性差。该方法适用于在业务量水平较为稳定的情况下编制预算，或用于编制固定成本预算与固定费用预算。

（2）弹性预算又叫可变预算，通常随着业务量的变化而变化，主要用于编制费用预算。其基本思路是按固定费用（在一定范围内不随业务量变化的费用）和变动费用（随业务量变化的费用）分别编制固定预算和可变预算，以确保预算的灵活性。变动费用主要根据单位成本来控制，固定费用可按数额加以控制。弹性预算的优点在于：一方面能够适应不同经营活动情况的变化，扩大了预算的范围，能更好地发挥预算的控制作用，避免了在实际情况发生变化时，对预算做频繁的修改；另一方面能够使预算对实际执行情况的评价与考核建立在更加客观可比的基础上。其缺点在于运用多水平法弹性预算评价和考核实际成本时，往往需要使用插补法来计算“实际业务量的预算成本”，比较麻烦。该方法适用于随业务量变化而变化的各项成本费用预算。

（3）滚动预算又称连续预算或永续预算，是指在编制预算时，将预算期与会计年度分开，随着预算的执行不断延伸补充预算，逐期向后滚动，使预算期始终保持为一个固定期间的一种预算编制方法。按照滚动的时间单位不同，滚动预算可以分为逐月滚动、逐季滚动和混合滚动。其优点是能够保持预算的持续性，有利于考虑未来业务活动；结合企业近期目标和长期目标对预算不断加以调整和修订，能使预算与实际情况更相适应，有利于充分发挥预算的指导和控制作用。其缺点是编制工作量大。该方法适用于规模较大、时间较长的工程类或大型设备采购项目。

7.2.3 预算执行

预算执行是指经法定程序审查和批准的预算的具体实施过程，是把预算由计划变为现实的具体实施步骤。企业应加强对预算执行的管理，明确预算指标分解方式、预算执行审批权限和要求、预算执行情况报告等，落实预算执行责任制，确保预算刚性，严格预算执行。企业以年度预算作为组织、协调各项生产经营活动的基本依据，将年度预算细分为季度、月度预算，形成全方位的预算执行责任体系。全面预算一经批准下达，各预算执行单位应当认真组织实施，将预算指标层层分解，从横向和纵向落实到内部各环节、各部门和各岗位。

企业的各项经营活动都在全面预算管理掌控中。企业应当根据全面预算管理要求，组织各项生产经营活动和投融资活动，严格预算执行和控制。在资金收付业务的预算控制方面，应做到及时组织资金收入，严格控制资金支付，调节资金收付平衡，防范支付风险。对于超预算或预算外的资金支付，企业应当实行严格的审批制度。在采购与付款、销售与收款、成本费用、工程项目、对外投融资、研究与开发、信息系统、人力资源、安全环保、资产购置与维护等业务和事项方面，均应符合预算要求。涉及生产过程和成本费用的，还应执行相关计划、定额、定率标准。在工程项目、对外投融资等重大预算项目方面，企业应密切跟踪其实施进度和完成情况，实行严格监控。

全面预算管理工作，不是孤立进行的。企业预算管理工作机构应当加强与各预算执行单位的沟通，运用财务信息和其他相关资料监控预算执行情况，采用恰当方式及时向决策机构和各预算执行单位报告、反馈预算执行进度、执行差异及其对预算目标的影响，促进企业全面预算目标的实现。企业预算管理工作机构和各预算执行单位应当建立预算执行情况分析制度，定期召开预算执行分析会议，通报预算执行情况，研究、解决预算执行中存在的问题，提出解决措施。

7.2.4　预算考核

建立严格的预算执行考核制度，对各预算执行单位和个人的考核有着重要意义，它从制度上保证了有奖有惩、奖惩分明。企业预算执行情况考核工作，应当坚持公开、公平、公正的原则，考核过程及结果应有完整的记录。

预算考核涉及核对。企业预算管理委员会应当定期组织预算执行情况考核，将各预算执行单位负责人签字上报的预算执行报告和已掌握的动态监控信息进行核对，确认各预算执行单位预算完成情况。必要时，实行预算执行情况内部审计制度。

全面预算管理可以促进企业计划工作的开展与完善，降低企业的经营风险与财务风险。预算的基础是计划，因此预算能促使企业的各级责任单位提前制订计划，避免企业因盲目发展而遭受不必要的经营风险和财务风险。内部监督的最终目的是远离运行偏差，完成计划，而全面预算恰恰是计划的具体体现，能够成为内部监督的准绳。

7.3 合同管理需要内部监督

在进行合同管理控制工作时，需要实施相应的监督，并利用监督考核机制来对各种违规现象进行纠正。

合同，是指企业与自然人、法人及其他组织等平等主体之间设立、变更、终止民事权利义务关系的协议。企业合同管理应关注的风险包括：未订立合同、未经授权对外订立合同、合同对方主体资格未达要求、合同内容存在重大疏漏和欺诈，可能导致企业合法权益受到侵害；合同未全面履行或监控不当，可能导致企业诉讼失败、经济利益受损；合同纠纷处理不当，可能损害企业利益、信誉和形象。

企业应当加强合同管理，确定合同归口管理部门，明确合同拟定、审批、执行等环节的程序和要求，定期检查和评价合同管理中的薄弱环节，采取相应控制措施，促进合同有效履行，切实维护企业的合法权益。

7.4 内部监督有助于及时发现内部控制缺陷

内部控制缺陷是指企业内部控制的设计或运行无法合理保证内部控制目标的实现。内部控制缺陷包括设计缺陷和运行缺陷。企业为实现内部控制目标必需的重要控制措施不足，或者设计不合理，致使内部控制目标不能实现属于设计缺陷；内部控制执行者没有依据内部控制制度的要求执行，或者执行者不具备有效地实施内部控制的能力，致使内部控制目标不能实现属于运行缺陷。内部监督的有效进行，对企业及时发现内部控制缺陷起到了重要作用。

内部控制缺陷认定的过程分为四个环节：认定标准建立、内部控制缺陷识别、严重程度评估、缺陷最终认定。

1. 认定标准建立

风险偏好和风险的容忍程度是企业内部控制缺陷认定的标准。企业目标确定后，风险偏好和容忍度已经“自上而下”演化成细化的目标体系，也就是内部控制缺陷识别和评估的认定标准。内部控制系统偏离目标的程度是评估缺陷严重程度的标准，偏离程度越大，缺陷越严重，具体缺陷认定标准由企业自行确定，企业对缺陷认定的标准应随具体目标的变化做出相应的调整。

2. 内部控制缺陷识别

内部控制缺陷识别是将敞口风险与对应岗位或层级的风险容忍度进行对比。风险容忍度和内部控制的预期目标相对应，敞口风险和内部控制的实际效果相关。一般核查的敞口风险分为内部控制不健全形成的纯粹敞口风险和内部控制有效性不足形成的剩余风险两种。核查敞口风险应当采取“自下而上”的方式，会涉及各个组织层级。

3. 严重程度评估

根据缺陷导致企业偏离控制目标的可能性大小，可以将缺陷分为重大缺陷、重要缺陷与一般缺陷。重大缺陷是指一个或多个控制缺陷的组合，可能导致企业严重偏离控制目标；重要缺陷是指一个或多个控制缺陷的组合，其严重程度和经济后果低于重大缺陷，但仍然有可能导致企业偏离控制目标；一般缺陷是指除了重大缺陷、重要缺陷以外的其他控制缺陷。

4. 缺陷最终认定

不同层级管理部门、管理人员拥有不同的缺陷认定权限。他们根据相应的权限认定标准对不同影响程度的缺陷进行最终认定。内部控制缺陷的认定过程是通过对目标未实现的，或者可能未实现的敞口风险在不同管理层级范围内汇总，审核敞口风险是否在所属管理层级的可容忍范围之内。假如超出可容忍范围，则根据既定的缺陷认定标准判断缺陷的严重程度。管理部门在缺陷认定的基础上，应当采取有效的应对措施修正和弥补控制缺陷，同时按照法规要求对内部控制缺陷予以报告。

内部控制系统需被监督。监督是由适当的人员，在适当、及时的基础上，评估内部控制的设计和运作情况的过程。监督活动由持续监督、个别评估所组成，其可确保企业内部控制持续有效地运作。

对监督过程中发现的内部控制缺陷，企业应当分析缺陷的性质和产生的原因，提出整改方案，采取适当的形式及时向董事会、监事会或者经理层报告。企业应当跟踪内部控制缺陷整改情况，并就内部监督中发现的重大缺陷，追究相关责任单位或者责任人的责任。

7.5 内部监督让内部控制评价更准确

内部控制评价，是企业董事会或类似机构对内部控制的有效性进行全面评价、形成评价结论、出具评价报告的过程。

7.5.1　内部控制评价遵循三个原则

1. 全面性原则

评价工作应当包括内部控制的设计与运行，涵盖企业及其所属单位的各种业务和事项。

2. 重要性原则

评价工作应当在全面评价的基础上，关注重要业务单位、重大业务事项和高风险领域。

3. 客观性原则

评价工作应当准确地揭示经营管理的风险状况，如实反映内部控制设计与运行的有效性。

7.5.2　内部控制评价的五项内容

企业应当根据《企业内部控制基本规范》和《企业内部控制应用指引》，以及本企业的内部控制制度，围绕内部环境、风险评估、控制活动、信息与沟通、内部监督等要素，确定内部控制评价的具体内容，对内部控制设计与运行情况进行全面评价。

1. 内部环境评价

企业应当以组织架构、发展战略、人力资源、社会责任、企业文化等应用指引为依据，结合本企业的内部控制制度，对内部环境的设计及实际运行情况进行认定和评价。

2. 风险评估评价

企业应当以《企业内部控制基本规范》有关风险评估的要求，以及各项应用指引中所列主要风险为依据，结合本企业的内部控制制度，对日常经营管理过程中的风险识别、风险分析、风险应对策略等进行认定和评价。

3. 控制活动评价

企业应当以《企业内部控制基本规范》和各项应用指引中的控制措施为依据，结合本企业的内部控制制度，对相关控制措施的设计和运行情况进行认定和评价。

4. 信息与沟通评价

企业应当以财务报告、内部信息传递、信息系统等相关应用指引为依据，结合本企业的内部控制制度，对信息收集、处理和传递的及时性、反舞弊机制的健全性、财务报告的真实性、信息系统的安全性，以及利用信息系统实施内部控制的有效性等进行认定和评价。

5. 内部监督评价

企业应当以《企业内部控制基本规范》有关内部监督的要求，以及各项应用指引中有关日常管控的规定为依据，结合本企业的内部控制制度，对内部监督机制的有效性进行认定和评价，重点关注监事会、审计委员会、内部审计机构等是否在内部控制设计和运行中有效发挥监督作用。

7.5.3 内部控制评价六环节

企业应当按照内部控制评价办法规定的程序，有序开展内部控制评价工作。内部控制评价程序一般包括制定评价工作方案、组成评价工作组、实施现场测试、认定控制缺陷、汇总评价结果、编报评价报告等环节。

1. 制定评价工作方案

企业内部控制评价部门应当拟订评价工作方案，明确评价范围、工作任务、人员组织、进度安排和费用预算等相关内容，报经董事会或其授权机构审批后实施。

2. 组成评价工作组

企业内部控制评价部门应当根据经批准的评价工作方案，组成内部控制评价工作组，具体实施内部控制评价工作。评价工作组应当吸收企业内部相关机构熟悉情况的业务骨干。评价工作组成员对本部门的内部控制评价工作应当实行回避制度。企业可以委托中介机构实施内部控制评价。但值得一提的是，为企业提供内部控制审计服务的会计师事务所，不得同时为同一企业提供内部控制评价服务。

3. 实施现场测试

内部控制评价工作组应当对被评价单位进行现场测试，综合运用个别访谈、调查问卷、专题讨论、穿行测试、实地查验、抽样和比较分析等方法，充分收集被评价单位内部控制设计和运行是否有效的证据，按照评价的具体内容，如实填写评价工作底稿，研究分析内部控制缺陷。

4. 认定控制缺陷

企业对内部控制缺陷的认定，应当以日常监督和专项监督为基础，结合年度内部控制评价，由内部控制评价部门进行综合分析后提出认定意见，按照规定的权限和程序进行审核后予以最终认定。

5. 汇总评价结果

企业内部控制评价部门应当编制内部控制缺陷认定汇总表，结合日常监督和专项监督发现的内部控制缺陷及其持续改进情况，对内部控制缺陷及其成因、表现形式和影响程度进行综合分析和全面复核，提出认定意见，并以适当的形式向董事会、监事会或者经理层报告。重大缺陷应当由董事会予以最终认定。

6. 编报评价报告

企业应当根据年度内部控制评价结果，结合内部控制评价工作底稿和内部控制缺陷认定汇总表等资料，按照规定的程序和要求，及时编制内部控制评价报告。内部控制评价报告应当报经董事会或类似机构批准后对外披露或报送相关部门。企业内部控制评价部门应当关注内部控制评价报告基准日至内部控制评价报告发出日之间是否产生影响内部控制有效性的因素，并根据其性质和影响程度对评价结论进行相应调整。

7.6 案例：缺少监督，蛀虫成窝

7.6.1 基本案情

浙江亚伦集团股份有限公司（以下简称亚伦集团）是由原浙江省龙游造纸厂整体改组的省级规范化股份制国家大二型企业，是一家以造纸为主，集制浆、加工纸、包装、印刷、运输、化工、机械、贸易等为一体的综合性经济实体。亚伦集团系国家二级企业、中国行业百强企业、全国造纸行业重点骨干企业、国家计量二级单位、全国造纸行业安全先进企业、浙江省首批三星级企业。

1993 年，王品发被任命为亚伦集团的总经理、党委书记，两年后，其又被任命为董事长。短短两年时间，王品发已经一跃成为亚伦集团的最高领导。他从政工干部起步，一步步转换成了经营者的身份。身份的转换，让王品发的心理有了极大转变。纸醉金迷的诱惑让王品发变得利欲熏心，这也为后来“亚伦窝案”的发生埋下了伏笔。

亚伦集团在王品发的带领下，业绩不断下滑，引起了职工极大的不满。职工没有坐以待毙，而是选择集体上访，尽各自最大的努力，让集团生存下去。上级高度重视，立即对亚伦集团的主要领导进行经济责任审计。审计结果令人触目惊心，从 1995 年初到 1998 年末，亚伦集团水果采购款高达 270 万元。一个以造纸为主的企业，不到四年时间花掉 270 万元采购水果，确实让人难以置信。而这 270 万元的水果，全部来源于一家个体商贩，这种垄断行为，更说明了其背后有着不可告人的秘密。审计发现，各种不合规票据出现在会计凭证中：发票被任意涂改，票面金额与亚伦集团所购货物数量相差巨大，企业完全无视《会计法》“原始凭证记载的各项内容均不得涂改”的规定；个体商贩开具的结账发票连号，违背了正常发票的使用规律；有的票据还出现了逻辑错误，审批日期与个体商贩开票日期相同甚至超前。而当时，执掌大权的正是亚伦集团的总经理王品发。

王品发不只在水果采购方面做文章，他没错过任何一个可以赚钱的机会。他在原材料、基建招投标甚至职工福利方面，都充分利用自己的职权，进行了非法的权钱交易。

不当得利、违法违规的事实真相终将大白于天下。经审理，王品发个人涉案金额高达60余万元，龙游县纪委认定其违纪金额达28余万元，依法予以收缴。亚伦集团内沆瀣一气，上到总经理，下到调度员20余人，都与这起贪污受贿案件有着千丝万缕的联系。

7.6.2 案例分析

上述亚伦集团蛀虫成窝的令人触目惊心的案例，是典型的反面教材。“亚伦窝案”说明了建立健全内部控制制度、严格遵守内部控制制度的重要性。

亚伦集团在水果采购业务中，采购人员逾越职权，假公济私，利用职务之便，达到中饱私囊的目的。个体商贩希望成为亚伦集团的独家供应商，从而获得更大的利益，不得不用金钱去维系关系，这也是集团相关人员假公济私成功的关键。采购环节存在如此多的利害关系，为了防止舞弊行为的发生，最好的方式就是让采购业务公开化、透明化。企业应当建立采购物资定价机制，采取协议采购、招标采购、谈判采购、询比价采购等多种方式合理确定采购价格，对于重要和技术性较强的采购业务，应当组织相关专家进行论证，实行集体决策和审批。同时，对办理采购业务的人员采取定期岗位轮换制。

该案例还暴露出亚伦集团监控有效性不足的问题。内部控制是一个不断改进完善的动态过程，应随着内外部环境变化而进行优化调整。内部控制只有起点，没有终点。为此，管理层更需要对内部控制系统进行有效且充分的考虑，实现内部控制的监督尤为必要。根据亚伦集团的组织结构，持续的监督行为比独立评估更有效，尤其是亚伦集团并没有一个规范性的与采购相关的监督体系，对采购人员工作的监督和评估仅仅依靠财务人员，而财务人员也只能够在最后的财务报销环节进行监督与管理。然而，在采购环节，从采购的询价到采购货物入库的过程中，亚伦集团都没有实施应有的监督和管理。因此，该企业应完善内部监督管理机制，规避高层的越权采购，真正做到任何人、任何行为都不能凌驾于企业的公共管理制度之上。

7.7　案例：监督环节，容不得“巧妙”

7.7.1　基本案情

丹东欣泰电气股份有限公司（以下简称欣泰电气）是辽宁欣泰股份有限公司的控股子公司，于 1999 年在辽宁省丹东市注册成立，属于制造业，公司注册资本为 7 000 万元人民币。欣泰电气主要生产制造、加工和销售电气产品，产品共 50 多个系列、1 000 多种规格。该企业连续多年荣获国家级、省级、市级“先进科技企业”“守合同、重信用单位”“质量信誉保证单位”等。2007 年，欣泰电气被科学技术部列为“重点高新企业”。2008 年，辽宁省科技厅为其颁发了高新技术企业认定证书。

欣泰电气的光环让其有了上市的想法。2010 年，欣泰电气收购其控股股东辽宁欣泰股份有限公司 66kV 及以上油浸式变压器生产及销售业务的主要资产。但收购后，该业务收入严重下滑，辽宁欣泰股份有限公司出现了亏损，直接导致欣泰电气受到重创，打破了欣泰电气几年来持续获利的局面，而这也成了欣泰电气首次提交上市申请被驳回的直接原因。首次上市失败后不久，欣泰电气便表示将二次申请上市。

在第二次申请上市的过程中，欣泰电气选择采取多项措施，来为成功上市助力。首先，更换保荐券商，将华泰联合证券更换为兴业证券，原因是兴业证券“胆子大”，可以与欣泰电气“通力合作”，在不核查财务状况及发行募集文件的真实性和准确性的情况下，在保荐书中做虚假记载。其次，自行粉饰财务报表。财务报表能够直接、全面、系统地揭示企业一定时期的财务状况、经营成果和现金流量，它的“好看”与否，直接影响到企业能否上市。欣泰电气的财务报表中，应收账款余额过高，如果不及时调整，必然影响其上市的“脚步”。为了成功上市，欣泰电气开始了财务造假的行为。最后，选择偏袒自己的会计师事务所开展审计。欣泰电气聘请兴华会计师事务所（以下简称兴华所）开展财务报表审计。兴华所将欣泰电气各期的收入均认定为可能存在重大错报风险的领域，而应收账款为与收入高度相关的会计账户，也被兴华所列为了重大账户。但是，兴华所没有保持职业审慎的态度，而是止于表面，既没有获取充分适当的审计证据，也没有实施进一步的审计程序。在这样的情况下，其出具的审计报告必然存在虚假记载。在欣泰电气的“努力”下，在兴业证券和兴华所的高度配合下，欣泰电气于 2012 年再次递交上市申请，并获得通过，成功于 2014 年 1 月在创业板挂牌。

2015 年 7 月 14 日，欣泰电气收到证监会发出的调查通知书，因涉嫌违反相关法律法规而被立案调查。欣泰电气财务舞弊事件就此开始发酵。2016 年 7 月 8 日，欣泰电气欺诈上市和信息披露违规案件的调查正式结束，证监会向欣泰电气发出了行政处罚决定书，并向相关责任人发出了市场禁入决定书。

据调查，负责欣泰电气财务报表审计的兴华所在审计欣泰电气首次公开募股期间财务报表和 2013—2014 年度财务报表时，没有尽到应尽的责任，所出具的审计报告不真实。证监会对兴华所处以没收业务收入，并处以罚款，对负责审计的注册会计师给予警告，并处以罚款的行政处罚决定。

经查，兴业证券在对欣泰电气进行财务尽职调查的过程中，未按要求对异常交易进行核查，在对银行存款进行核查时，甚至采用“拿来主义”，直接引用注册会计师的审计底稿。证监会对兴业证券做出给予警告、没收保荐业务收入、承销股票违法所得并罚款的处罚决定，对业务负责人给予警告，并处以罚款、取消证券从业资格。

7.7.2　案例分析

欣泰电气的财务舞弊从时间角度来看主要由两个方面构成：首次公开募股期间申请文件中涉及财务数据造假，上市后披露的财务报表中涉及数据造假以及信息披露不合规。

上市前，为了达到上市融资的目标，解决期末应收账款金额畸高的状况，欣泰电气时任总会计师刘明胜向董事长温德乙提出通过期末借入款项伪造应收账款回收，并于下个会计期初还款冲回的方案。该提议得到温德乙的首肯，两人共同谋划后决定通过银行汇票背书转让的方法来减少应收余额。从 2011 年期末到 2013 年期中，欣泰电气将借入的款项、公司自身银行存款以及虚假的银行单据伪装成客户应收账款清偿，一般在期末采取这种方式虚减应收账款，然后在下期初进行红字冲销，将应收账款余额调回。这致使其在向证监会报送的首次公开募股申请文件中应收账款、坏账准备、经营活动产生的现金流量、其他应收款、应付账款、预付账款、货币资金

1. 制度依据

内部控制监督制度的制定依据是《企业内部控制基本规范》及其配套办法的相关规定。

2. 内部审计机构在内部监督中的职责和权限

内部审计机构是企业专职经济监督的部门，是企业内部控制制度的有机组成部分。内部审计机构在企业主要负责人的直接领导下，依照国家的方针政策、财政经济法规和有关规章制度，对企业的财政、财务收支及经济效益进行内部审计监督，独立行使内部审计职权。内部审计机构不是简单的信息反馈系统，除检查和评价外，还要深入研究改进的措施，以便提出合理的建议。内部审计机构能否有效地进行审计监督，与内部审计机构在组织中的地位、权力、责任及其人员与管理能力等方面密切相关。内部审计机构必须处在较高的地位，同时得到领导者有效的支持；内部审计机构必须要有广泛的活动范围及一定的权力；内部审计机构必须配备合适的人员和选用科学的管理方法。这些条件中最关键的是内部审计机构和人员要具有一定的独立性，它决定着内部审计工作的效果。内部审计机构应该具有不受约束、客观地进行工作的实质上的独立性。

内部审计机构可以对企业的合同执行情况，投入资金、财产和经营状况及其效益等方面进行内部审计监督，也可以对行业经济管理中的重要问题开展行业审计调查。

内部审计机构应无约束地去审查和评阅单位政策、计划、程序和记录。内部审计机构应当给内部审计人员提供充分接近单位组织的一切记录、财产和有关人员的权力，包括要求报送资料权、审核检查权、参加会议权、调查取证权、临时制止权、临时措施权、建议意见权、建议反映权等。

3. 内部监督的方式

内部监督的方式有两种，即日常监督和专项监督。在日常工作中，两种监督方式应彼此配合，以实现最优的监督效果。加强企业的内部监督管理既可以有效降低企业在经济运营中的风险，也可以更好地保障企业资产的完整性及企业财产的安全性。

日常监督是指企业对建立与实施内部控制的情况进行常规、持续的监督检查。日常监督通常存在于企业基层管理活动之中，能较快地辨别问题。日常监督的力度越大，其有效性就越高，企业所需的专项监督就越少。日常监督包括：在日常生产经营活动中获得能够判断内部控制设计与运行情况的信息；在与外部的沟通过程中获得有关内部控制设计与运行情况的验证信息；在与员工沟通过程中获得内部控制是否得到有效执行的证据；通过账面记录与实物资产的检查、比较，对资产的安全性进行持续监督；通过内部审计活动对内部控制的有效性进行持续监督。

专项监督是在企业发展战略、组织结构、经营活动、业务流程、关键岗位员工等发生较大调整或变化的情况下，对内部控制的某一方面或者某些方面进行有针对性的监督检查。与日常监督相比，专项监督具有针对性更强，主题更明确，检查措施更具体的特点，能够最大限度地保障权力在阳光下运行，制度得到落实，巩固和完善权力运行制约机制。实施专项监督的目的是达到“发现管理问题，健全完善制度，堵塞管理漏洞，防范化解经营风险，强化纪律规矩意识”的效果。专项监督是确保政令畅通的重要举措，是发现制度漏洞的重要途径。合理开展专项监督，可以实现对职能部门履责情况的再监督，提高决策执行效率，发现制度执行中存在的漏洞，从源头上防治问题。

控制。对于认定的重大缺陷，企业还应及时采取应对策略，切实将风险控制在可承受范围之内，并追究有关机构或相关人员的责任。董事会应负责重大缺陷的整改，接受监事会的监督。经理层负责重要缺陷的整改，接受董事会的监督。内部有关单位负责一般缺陷的整改，接受经理层的监督。

6. 内部控制缺陷的分类

内部控制缺陷按其成因分为设计缺陷和运行缺陷。所谓设计缺陷主要存在两种表现形式，一种是缺失，另一种是设计不适当。设计缺陷是企业缺少为实现控制目标的必须控制，或现存的控制不合理、未能满足控制目标。设计缺陷包括企业制度设计上的问题，也有流程图、表单、授权表等设计上的问题。对于设计缺陷，企业应从内部的管理制度入手查找原因，从整体角度上了解企业制度层级划分是否明确，制度间的索引是否到位，制度间是否存在冲突等，及时处理需要更新、调整、废止的制度，并同时改进内部控制体系的设计，弥补设计缺陷的漏洞。

内部控制运行缺陷源于企业对内部控制制度不够重视，认为加强内部控制制度束缚了办事效率，这种思维直接导致内部控制制度形同虚设，企业内部控制流于形式，失控现象严重。运行缺陷简单来说是设计合理及有效的内部控制在运作上没有被正确地执行，具体包括不恰当的人员执行，未按设计的方式运行，如频率不当等。对于运行缺陷，企业应分析其产生的原因，查清责任人，并有针对性地进行整改。

第四十六条　企业应当结合内部监督情况，定期对内部控制的有效性进行自我评价，出具内部控制自我评价报告。

内部控制自我评价的方式、范围、程序和频率，由企业根据经营业务调整、经营环境变化、业务发展状况、实际风险水平等自行确定。

国家有关法律法规另有规定的，从其规定。

第四十六条讲的是内部控制评价的相关内容。

内部控制评价是企业董事会或类似权力机构对内部控制的有效性进行全面评价，形成评价结论，出具评价报告的过程。内部控制建设的责任主体是董事会，它是建立健全和实施内部控制评价的主要责任方。评价内容为内部控制的有效性，包括财务报告内部控制有效性和非财务报告的内部控制有效性。全面的内部控制评价要求企业的评价工作包括内部控制的设计与运行，并涵盖企业及其所属单位的业务和事项，并在此评价基础上，关注主要业务单位、重大业务事项和高风险领域。

内部控制评价方式是指内部控制评价工作的基本形式，解决的是内部控制评价工作到底如何进行的问题。关于内部控制评价工作到底如何进行，从内部控制评价本身及目前的发展情况来看，主要存在详细全面评价和风险导向评价两种方式。详细全面评价，就是以内部控制框架或标准为参照物，根据内部控制框架的构成要素是否存在，评价内部控制的设计有效性；然后，测试内部控制的运行有效性；最后，综合设计和运行的评价对内部控制的有效性做出总体评价，评估内部控制目标实现的风险，判断是否存在实质性漏洞，确定内部控制是否有效。这种方式的特点是从控制到风险，即从内部控制到相关目标实现的风险，比较适用于内部控制的建立和保持，而其对内部控制的有效性评价并不十分恰当，存在着成本高、效率低、结论不可靠等不足。风险导向评价，就是以风险为导向，首先要评估相关目标实现的风险；其次是识别和确定组织充分应对这些风险的内部控制是否存在，即评价内部控制的设计应对相关目标实现风险的有效性；第三是识别和确定内部控制运行有效性的证据，评价现有的控制是否得到了有效运行；最后是对控制缺陷进行评估，判定是否构成实质性漏洞，确定内部控制是否有效。这种方式是从风险到控制，体现了“自上而下，风险基础”的理念。“自上而下”方法由评估组织整体层级的控制开始，然后到具体作业层级控制的测试。风险导向评价方式应充分考虑企业特定的情况，避免与内部控制框架的简单核对，使其具有更好的成本效益性和更广泛的适用性及灵活性；同时，风险导向评价应关注最重要的风险，提高评价的成本效益和效率。不过，这种方式与详细全面评价根据一个确定的框架来评价相比需要更高程度的专业判断。风险导向评价是一种现代的内部控制评价方式，要求评价人员改变传统的评价模式，把评价的起点放在关注企业发展战略和识别企业业务流程的风险上，分析风险并提出控制风险的建议和方法。

内部控制评价的对象是内部控制的有效性，而内部控制的有效性是企业建立与实施内部控制为实现控制目标提供合理保证的程度。内部控制的目标包括合规目标、资产目标、报告目标、经营目标和战略目标。因此，内部控制评价的内容应是对以上五个目标的内部控制有效性进行全面评价。具体来说，内部控制评价应紧紧围绕内部环境、风险评估、控制活动、信息与沟通、内部监督五要素进行。

内部环境评价应当以组织架构、发展战略、人力资源、企业文化、社会责任等应用指引为依据。其中，组织架构评价可以重点从组织架构的设计和运行等方面进行；发展战略评价可以重点从发展战略的制定合理性、有效实施和适当调整三方面进行；人力资源评价应当重点从企业人力资源引进结构合理性、开发机制、激励约束机制等方面进行；企业文化评价应从建设和评估两方面进行；社会责任可以从安全生产、产品质量、环境保护与资源节约、促进就业、员工权益保护等方面进行。

风险评估评价应当以《企业内部控制基本规范》有关风险评估的要求，以及各项应用指引中所列主要风险为依据，结合本企业的内部控制制度，对日常经营管理过程中的目标设定、风险识别、风险分析、应对策略等进行认定和评价。

控制活动评价应当以《企业内部控制基本规范》和各项应用指引中的控制措施为依据，结合本企业的内部控制制度，对相关控制措施的设计和运行情况进行认定和评价。

信息与沟通评价应当以内部信息传递、财务报告、信息系统等相关指引为依据，结合本企业的内部控制制度，对信息收集、处理和传递的及时性、反舞弊机制的健全性、财务报告的真实性、信息系统的安全性，以及利用信息系统实施内部控制的有效性进行认定和评价。

内部监督评价应当以《企业内部控制基本规范》中有关内部监督的要求，以及各项应用指引中有关日常管控的规定为依据，结合本企业的内部控制制度，对内部监督机制的有效性进行认定和评价，重点关注监事会、审计委员会、内部审计机构等是否在内部控制设计和运行中有效发挥监督作用。

内部控制评价内容可通过设计内部控制评价指标体系来确定。评价指标是对内部控制要素的进一步细化，可以有多个层级，大体可分为核心评价指标和具体评价指标两大类，企业可根据实际情况进行细分。具体的评价内容确定之后，内部控制评价工作应形成工作底稿，详细记录企业执行评价工作的内容，包括评价要素、评价指标、评价标准、评价和测试的方法、主要风险点、采取的控制措施、有关证据资料以及认定结果等。工作底稿可以通过一系列评价表格加以实现，通过对每个要素核心指标的分解、评价，最终汇总出评价结果。

内部控制评价报告可分为对内报告和对外报告。对外报告是为了满足外部信息使用者的需求，需要对外披露，在时间上具有强制性，披露内容和格式强调符合披露要求。对外报告一般采用定期的方式，即企业至少应该每年进行一次内部控制评价并由董事会对外发布内部控制报告。对内报告主要是为了满足管理层或治理层改善管控水平的需要，不具有强制性，内容、格式和披露时间由企业自行决定。内部报告一般采用不定期的方式，即企业可以持续地开展内部控制的监督与评价，并根据结果的重要性随时向董事会（审计委员会）或经理层报送评价报告。企业应尽量按照统一的格式编制内部控制评价报告，以满足信息使用者对内部控制信息可比性的要求。

第四十七条　企业应当以书面或者其他适当的形式，妥善保存内部控制建立与实施过程中的相关记录或者资料，确保内部控制建立与实施过程的可验证性。

第四十七条讲的是如何确保内部控制可验证性。

内部控制建立与实施过程的相关记录或资料应当以书面或其他适当的形式保存。以书面或其他适当的形式详细真实地记录企业内部控制建立与实施的过程，这种记录为企业的管理提供了可参考的数据。相关记录真实地记录着当事人在何时、何地进行了何种业务活动，是最真实的反映者，它能保护企业与员工的利益不受损害，也使得各方面的责任更加明确，从而减少不必要的纠纷。